Rabenfeders Gedichtewelt

Der Rabe singt,

die Erde swingt.

Jeder Tag ist wie ein Gedicht

Genre : Lyrik/ Gedichte

Bibliografische Information der Deutschen Nationalbibliothek: Die Deutsche Nationalbibliothek verzeichnet diese Publikation in der Deutschen Nationalbibliografie; detaillierte bibliografische Daten sind im Internet über <u>dnb.dnb.de</u> abrufbar.

© 2023 Rabenfeders Gedichtewelt
Illustration TatjBluecristal
Herstellung und Verlag: BoD – Books on Demand, Norderstedt

ISBN: 978-3-7448-2974-8

Autorin:

Sabine Wronna, alias Rabenfeder

Hauptfigur :
Der reimende Rabe

Zielgruppe:
Für Jedermann ab 16

Ort, Zeit, Erzählweise:
Wuppertal im Jahre 2023 / Gedichte

Hier bin ich!

Sabine Wronna alias Rabenfeder.

Wer bin ich?

Am 29.05.1964 warf mich der Storch
durch den Schornstein meines
Elternhauses in Solingen.
Meine Erinnerungen reichen zu einer
schönen,
als auch bewegten, Kindheit zurück.
Geprägt wurde ich von den Reimen
Heinz Erhardts, OTTO,
sowie Insterburg & Co.

Wie alles begann:

Erste eigene Gedichte,
bei denen ich mich mit verschiedenen
Eindrücken in Reimform
auseinandersetzte, verfasste ich mit 23
Jahren.
Wenn man mich nach den größten
Herausforderungen meines Lebens fragt,
waren es definitiv das Großziehen
zweier Kinder,
mit allen Höhen und Tiefen als
alleinerziehende Mutter.
Trotz Spagat zwischen Hauptjob,
Nebenjob und Kindererziehung, war ich
sehr aktiv.
Die Kreativität hatte im Alltag dennoch
viel Raum
und erstreckte sich über Basteln bis
Renovieren,
Schreiben, Malen, Singen sowie Tanzen.
Gerade in dieser Zeit durchschritt ich
viele verschiedene Lebenssituationen,
in welchen ich haderte
oder von Glückseligkeit erfüllt war und
diese in Gedichtform verarbeitete.

Stichpunkt-Gedichte erwachten

Nachdem meine Kinder ihre eigenen
Wege gingen,
übte ich mich in Gedichte auf
Stichpunkte zu erstellen.
Freunde schätzten meine Geburtstags-
als auch Jubiläumsgedichte.
Zwischendrin gab es berufsbedingt
schöpferische Pausen.
Allerdings auch die einsamen Abende,
in denen ich in Facebook-Gruppen eine
Gedichte-Stunde einführte.
Ich forderte 20 Stichpunkte und die User
erhielten in 20 Minuten ein Gedicht.
Es hat allen Spaß bereitet.
Irgendwann kramte ich alle meine alten
Gedichte hervor und stellte fest,
dass der „Taktstock" fehlt.
So begann ich Worte zu kürzen und so
anzupassen,
dass diese beim Lesen im Takt
erklingen.
Ähnlich wie bei einem Lied.
Meine Noten sind, leicht wie einfach zu
lesende Worte, sowie Sätze.

Sonntagsritual / Entstehung der Rabenfeder

Sonntags trifft sich meine Familienbande
zum „feudalen Frühstück".
In dieser Zeit des Beisammenseins
lassen wir unseren kreativen Gedanken
freien Lauf.
Es entstehen Gedichte, als auch Malerei.

In diesem Zusammenhang entwickelte
sich die Idee,
Sonntags ein Plakat mit einem
handschriftlichen
Gedicht in der Altstadt von Wuppertal
aufzuhängen.
Um einen Wiedererkennungswert zu
erzielen,
wurden die Plakate mit einer Rabenfeder
verziert.
Gelegentlich fragten interessierte
Passanten,
wer der Verfasser dieser Gedichte sei.
Das schönste Lob allerdings kam von
Obdachlosen,
welche es jeden Sonntag als ihr
persönliches Wochenhighlight sahen.

Wagnis:

Viele Gedichte wurden u.a. in meiner
Facebook-Gruppe „Rabenfeder",
als auch via „Whats App" Status
hochgeladen.
Durch ein Hospitz hatte ich die Chance
Gedichte vortragen zu können.
Dort wurde meine Gabe
Stichpunktgedichte zu erstellen
erneut unter Beweis gestellt.
Die positive Resonanz beflügelte mich.
Ursprünglich plante ich erst mit Eintritt
der Rente
ein Manuskript meiner Gedichte zu
erstellen.
Jedoch, durch die zahlreichen positiven
Rückmeldungen
unterschiedlichster Menschen,
meiner Kinder, Kollegen und Freunde
bestärkten mich,
den Schritt zur Veröffentlichung jetzt
schon zu wagen.

Hoffnung:

Rabe klein Gedichtchen liebe,
gerne in Erinnerung bliebe.
Text gedruckt für jedermann,
so berührt es irgendwann.
Denn wer nach dem Sinne suche,
findets im Gedichtes Buche.

Inhaltsverzeichnis   8 -11

Alltägliches   13-66

Herzensthemen   68-112

Hospitzgedichte   113-128

Humor   **129-160**

Rund ums Jahr   **161-182**

Weltbetrachtung 183-223

Nachwort 223

Danksagung

Diese Seite wurd erstellt,
für die besten dieser Welt.
Danke sagen möcht im Reime,
hoff es klingt nicht wie Geschleime.
Vorab, möchte Verlag so küren,
druckt mein Buch mit all Allüren,
Empfohlen wurd´s vom Marler Berg,
lebend dort Herr Drachenberg.

Susanne, noch von alter Schule
saß bis nachts auf ihrem Stuhle.
Fehlersuche im Gedicht,
auf ihr Abendruh verzicht.
Franzi nochmal schaute,
erst nach allem fertig traute.

Vanessa, mein Konnektion-Held,
bracht zu Papier den Rabenheld.
Freundin TatjBluecristal kam hinzu,
geprintet Zeichnugen im Nu.
Erstellte Cover liebevoll,
Ihr alle seid so wundervoll.

Möcht danken Unmengen an Leut,
mich bestärkten, somit heut,
Gedichteband in jeder Hand,
durch eure Hilfe erst entstand.

13

ABC der Fulltime-Job-Mutter

Fröhlich soll der Tag beginnen,
in Zärtlichkeit der Tag verrinnen.
Zwecks ABC mal dargelegt,
was Mütter übers Jahr bewegt.

A: Abwaschen
B: Bett beziehen
C: Clown spielen
D: Dampfbügeln
E: Einkaufen
F: Fenster putzen
G:Gläser polieren
H:Handwerkliches Geschick
I: Ideen vorweisen
J: Jeans flicken
K: Kochen
L: Lieder singen
M:Marmelade einkochen
P: Putzen
Q: Quengeleien schlichten
R: Renovieren
S: Staubsaugen
T: Trösten
U: Unterrichten
V: Verzeihen
W : Waschen
X : X- mal Ja und Nein sagen
Y : Ypsilon sagt alles schon
Z : Zeit für alle und alles haben

Alltag einer alleinerziehenden Mutter

Weekend voller Nebensachen,
Bügle, putze, Einkauf machen.
Familienbande so an diesem,
lässt heraus den Faulen, Fiesen.

Welt gemein, ich mag nicht mehr,
Lage diese peinigt sehr.
Radfahr´n, wie Besuch im Zoo,
sitzend Zug nach irgendwo.

Wellness Weekend werde frisch,
sitzend am gemachten Tisch.
Waldspaziergang, sportlich´s Treiben,
kuschlig aneinander Reiben.

Vorwärts denkend, halt´ es aus,
auf der Leber manche Laus.
Ach, wie gern würde ich reisen,
kulturelle Ding verspeisen.

Nicht als Mann wie Frau hier stehn,
ständig in die Röhre sehn.
Grausig auf Tag X sich freut,
wenn der Sprössling sich verstreut.

Meine Bande weiter schwirrt,
im eignen Leben sich verirrt.
Mein Gefilde Ruhe spendet,
gar kein durcheinander sendet.

Beherzt seh´ nun das Chaos heut´,
aus Kindern werden ergo Leut.

Arztbesuch

Eines Morgens, schon geplagt,
Arztbesuch - von Zeit gejagt.
Stunden tröpfeln langsam hier,
wild ich in die Zeitschrift stier.

Auf dem Sims zwei Tauben gurren,
Hunger, böses Magenknurren.
Bazillen, Viren, vernehmlich Prusten,
Hintergrund Radio, Patienten Husten.

Telefoniern, geschäftiges Treiben,
wo mag der Arzt so lange bleiben?
Schon im Innersten am Sieden,
Behandlung fünf Minuten – Frieden.

Aus der Türe lustig trachtend,
lange auf mein Frühstück wartend.
Endlich in der langen Schlang
Marktes Apotheke hang.
Emsig rupft sie voller Taten,
mein Rezept, wollt mir was raten.

Als geschwind, mit leichtem Fuße,
ohne bin ich dran noch Gruße,
eine fiese, alte Frau,
vorgedrängelt, Mantel blau.
Ihr Rezept mit fordernd Hand,
PTA auf Tischchen band.

Aber - Ach – was für ein Morgen,
sollt´ für Zornesfalten sorgen.
Ein Geruch mich da erhellte,
aus dem Mund der Alten schnellte.

Kein böser Feind sollte es spüren,
mein Innerstes floh zu den Türen.
Vom Gestank total benommen,
bös´ Worte dieser selten kommen,
aus meiner Kehle da geschossen,
zu ihr in dem Momente flossen.
Riet ihr laut, total besessen,
Pfefferminzbonbons zu essen.

Gerecht – Oh, Gnade sollte walten,
auch Apotheker können schalten.
Sah die Not, wie ich erbleichte,
schnell mein Beutelchen mir reichte.
Pillchen schnappen, Wiedersehn!
Frischluft! Ja, so kann es gehn.

18

19

Babysitting

Samstag Abend, geh nicht aus,
bin in Freundens heimisch Haus.
Babysitting heute sei,
Eltern haben endlich frei.
Sei´s Pizza, Kuchen, Pommesfritte,
vorher Händewaschen bitte.

Kleiner Mensch nicht schlafen kann,
Fernsehabend folgte dann.
Esmeralda große Flamm,
Frau vom Glöckner Notre Dame.
Auf dem Sofa eingeschlafen,
Eltern werden schon nicht strafen.

Morgens für die Insel reif,
Nacken mein unendlich steif.
Doch zuhause wurd mir klar,
Abend mein war wunderbar.

21

Der Baumarkt

Ganz schmutzig als auch farbenfroh,
beim Renovieren ist es so,
Greif zur Tapete wie dem Kleister,
fühl mich a la Picasso Meister.

Schnell zum Baumarkt Nachschub holen,
betrachte Passanten fast verstohlen.
Duft des Baumarkts, seinem Flur,
vernehmen lässt´s eine Möbelpolitur.

Das Angebot geschickterweise,
Kassenbereich, Eisenbahn nebst Gleise.
Still meine Gedanken fliegen,
zum Bauern nebenan mit Ziegen.
Kirche, Bahnhof, einer Grube,
Dörfli wie dem Hirtenbube.

Während man zügig weiter kassiert,
beim Eisenbahner viel passiert.
Sehe Felder, Nester, Raben,
in der Abendsonne laben.
Häschen in der Ferne flieht,
Jäger schon von weitem sieht.

Hallo! Zehn Euro fünfzig, bitte!
Gerissen aus der dörflich Mitte.
Gekauft nun Farbe, Teppichschaum,
weiter zur Arbeit, aus der Traum.

Böser R Monat

Monat „R" fatale Not,
kein lächelnd Herz sich justus bot.
Der Kühl- wie Vorratsschrank so ließ,
mein Äuglein weiden auf Verdrieß.

Das Konto, Sparbüx, Börsengrund,
erschreckend leer, kein Centus Fund.
In dieser, ach- so leidlich Stunde,
zusammen suchte sämtlich Runde.

Kreolen, Silber, Gold wie Glitter,
fiese Scham, es war so bitter.
Dame in des Hauses Pfandes,
sicher nett, doch außer Standes,
abzukaufen meinen Schmuck,
Gedanke mein geriet in Tuck.

Werte dessen, keine Frage,
nicht zwei Euro heutzutage.
Gute Frau, so bitt ich doch,
erlöse mich von meinem Joch!
Dieses Geld, ich seh es so,
macht mit Milch zwei Kinder froh.

Mitleidig Blick- betätigt Kassen,
Wunder- lässt hinein sie fassen.
Werde Ihnen dieses schenken,
daran wollte ich nicht denken.
Ließ mit besten Wünschen so,
Kreolen liegen und war froh.

25

Der Sessel

Mein Freund der Sessel, viele Jahr,
gab mir für Stunden offenbar.
Bei jeglicher Gelegenheit,
die passende Bequemlichkeit.

Konnt´ nicht laufen oder stehn,
mein Freund stets da, schön anzusehn.
Verzierend kleiden,
an seiner Seite weiden.
Ihn niemals missen,
mit Kuschelkissen.

Kaffeerunden ohne Sessel,
wär´n wie Hexen ohne Kessel.
Zu vorgerückter Stunde dann,
zeigt unser Sessel, was er kann.

Wiegt den Mensch in Schlaf wie Ruh,
versüßt Fernsehabende im Nu.
Kids hüpfen auf ihm hin und her,
des Freundes Federn quietschen sehr.

Bei einem Wohnraum voller Leben,
steht unser Held auch mal daneben.
Wie gut, dass da Erfinder dachten,
uns solche weichen Polster machten.

Die Woche

Montags ist noch alles schwer!

Dienstags weiß man vieles mehr.

Mittwochs.. Tja, was soll man sagen

gibt's zum

Donnerstag noch Fragen?

Freitag alles fast zu Ende.

Samstags endlich Wochenende!

Sonntags sinnend auf die Wende,

denn

Montags …

Fahrstuhl

Fahrstuhl, seither praktisch Ding,
heut zwischen Etagen hing.
Angenehm sich anders nennt,
Herzchen bis zum Halse rennt.

Gut das ich alleine hier,
Wände ohne jeglich Zier.
Knöpfe auf der Tafel sind,
aber keinen Schalter find,
roter, gelber, nichts genau,
Magen dreht sich, furchtbar flau.

Klitzeklein seh Nummer stehn,
nur der liebe Gott hörts flehn.
Handy meins hat kein Empfang,
Panik mich zum Schreien zwang.

Schon ne halbe Stunde rum,
Lage mein wirkt ziemlich dumm.
Irgendwann wurde gerufen,
Lift bewegt sich Stuf um Stufen.

Aufzug nun am rechten Gang,
Heidewitzka grausig lang.
Sportlich nur noch Treppe nehm,
denn diese wird nicht unbequem.

Fußball

Der Fernseh strahlt,
der Fußball rollt,
so manche Frau wird stumm
und schmollt.
In ihrer Ecke mit einer Decke,
ein Rätsel in der Hand,
kritzelt an den Rand.
Welch schönes Leben,
beim Fußball hingegen
geht alles daneben.

Die Spannung steigt,
der Mann nach vorn sich neigt.
Ecke! Strafraum! Freistoß!Tooor!!
Was geht hier eigentlich nur vor?
Kein Plan von diesem Hin und Her,
sie mag nicht mehr!

Wenige Minuten bis Spielende,
Bier spritzt fast auf seine Hände.
Ein „Super Spiel", der Trainer rief,
so hängt der Haussegen auch nicht
schief.

Getränkemarkt

Getränkemarkt in jeder Stadt,
von allem viel zu bieten hat.
Keine Not, wie spät's auch sei,
hat Schokolad', wie Frühstücksei,

geschäftig Treiben, rund um Flaschen,
an Kassen steht - etwas zum Naschen.
Markenvielfalt kannst erhalten,
welch ein buntes Bild gestalten.

Musik leis' Hintergrund umstreicht,
Kästen werden rumgereicht.
Diese Hall ist immer kalt,
Treffenspunkt für Jung wie Alt.

Piepsend Kassen, rollend Wagen,
Regal gefüllt – zu höchsten Lagen.
Preisaussagen locken schrill,
Chef regieret - barsch mit Drill.

Trägt wie alle andren auch,
grauen Kittel, einen Bauch.
Tage diesem, vieles klappt,
einen Taschendieb ertappt.

Getränkemarkt – weil Freitag heut,
Laden gefüllt mit endlos Leut.
Leergut schmeißend runde Schneise,
macht nach irgendwo die Reise.

Automat sonst alles frisst,
stets schnell zu bedienen ist,
heute zeiget seine Mucken.
Angestellters Achselzucken,
versuchte dies auch wieder das,
Kunden kennen keinen Spaß.

Flaschen sausen schnell zurück,
kein blau Äugelein – zum Glück.
Lang wartend Menschenschlang zuletzt,
Personal sich fast schon fetzt,
kommet „ ER", der Chef, hinzu,
weiß Bescheid, kläret im Nu,
Maschine aus, wie mehrfach an,
Leut's, jetzt könnt'er wieder ran.

Schlange weit – schnell endet so,
Kunden lächeln wieder froh,
in Haut Getränkemarktes Deppen,
möchte niemals nie - nicht stecken.

Glückstag

Tage oft wie Sand verstauben,
monoton Substanze rauben.
Dinge welche dir Missfallen,
leere Wort an Wände prallen.
Fühlst gerädert dich, allein,
fragtest nach dem Sinne Sein.

Schon in frühster Morgenstund,
Centesstück des Weges Fund.
Tiefeslage plötzlich kehrt,
freudig, dieser Tag ist's Wert.
Füllet Akku, stärket Kraft,
fühlst Lebendigkeit, im Saft.

Menschen kommen auf dich zu,
Reden, Lachen, so wie du.
Einfach alles läuft perfekt,
in keinem Eck ein ABER steckt.

Gedanklich dieses so verbleibt,
vernehmlich schöne Einigkeit.
Welt umarmend, gehst zu Bett,
zufrieden denkend, heut wars nett.

Katzenbande

Ein langer, arbeitsreicher Tag,
mit Bahnesfahrt - Stunden vermag.
Öffne Tür - Ihr freudig wartet,
Ritual sofort gestartet.

Fell so weich - Gemautze großes,
Leckerlis, bis Öffnung Doses.
Geschmatzt, geschmauset kurze Zeit,
nutz schnellstens die Gelegenheit.
Klöchen, Jacke aus, die Schuh,
danach endlich voller Ruh.

Spielen – kuscheln wie entspannen,
Stresses – Alltag so verbannen.
Folgend Bette nach uns schreit,
jeder seines Parts bereit.

Wecker klingelt Murmeltier,
Krallen so gefühlte vier.
Zärtlich streicheln mein Gesicht,
denn ich hör den Wecker nicht.
Tief geliebte Katzen mein
ohne euch, möcht ich nicht sein.

Küchenchaos

Küchenchaos jeden plage,
Jung wie Alt in gleicher Lage.
Jeden Tag Gemüse schnibbeln,
Teige kneten, Hände kribbeln.
Zur Musik die Hüfte schwingen,
schöne Lieder dazu singen.

Aber auch des Geistes Wein,
sollte im Rezepte sein.
Wasserspritzer, Öl wie Dunst,
stehen nicht in Koches Gunst.
Viel Geschirr,
Klappern, Geklirr...
Endprodukt der Gaumenschmaus,
hoff´, es fiel kein Haar heraus.

Lange Vorbereitungszeit,
denkst nun wärste wohl befreit.
Grinsen Topf wie Teller schon,
Spülen, Putzen- welch ein Hohn.
Möcht entfliehn Szenario,
Imbissbude macht mich froh.

Maskenball

Morgendlich im Stresse lebte,
eilend Fußes, fast schon schwebte.
In einer Maske mich verhang,
welch glitschig mich zu Boden zwang.

Dienlich sie zu andren Zwecken,
möcht mit Zeilen diesen wecken.
Fatal, doch unser Pflasters Stein,
hält Maskenball für sich allein.

Ob Blau, Grün, Gelb, Schwarz, FFP,
zu viele auf der Straße seh.
Nachgedacht, wie kommt´s zur Lage,
dieser umweltlichen Plage?

War´s des windesstoßes Bries?
Uns Nasenunterhos verließ?
Wie ein Blättchen, weit zugleich,
landete auf Gehwegs Reich,
Oder Griff man in die Taschen,
um ein Tempo zu erhaschen?

Niemals würde ich es wagen,
Behauptung, weggeworfen sagen!
Denn an jeder Stanges – Ecke,
sich Papiereskorb verstecke.

Ein Appell an alle sei,
haltet unsre Straßen frei!
Nehmt verloren Maske mit,
korrekt Entsorgen ist der Hit!

Nervige Zugfahrt

Mit Bahnen pendeln Nerven blank,
sitz abends, müde auf der Bank.

Ein Paar mit Kind, sich selbst so frei,
das Kindlein tobt, ist Einerlei.

So müde von der Arbeit denk,
wie ichs Geschrei des Kindes lenk.

Handy, You Tube App- gewählt,
im Sinne leis bis drei gezählt.

Ein Kinderlied, das ist der Hohn,
beruhigte irgends Elterns-Sohn.

Für mich entspannte weiterfahrt,
dank sieben Zwerges Rauschebart.

Viele Fahrgäst Alltag stören,
mit Handy laute Musik hören.

Arglos freigesprochen wird,
fies durch alle Gänge schwirrt.

Möcht entfliehn versuchs zu dulden,
Bahnesfahrt kost teuer Gulden.

Manchmal juckts an solchen Tagen,
möcht Passant nach Ruhe fragen.

Setz die Kopfeshöhrer auf,
Musik mein, nimmt Ihren Lauf.

Konzentriere mich ein Stück,
pünktlich ist der Zug, mit Glück.

Auf ein neues pendelnder Tag,
nächst Arschengel begegnen mag.

Redeschwall

So, so, ja, ja – das glaub ich Dir ,
im Stillen wünsch ich furchtbar mir,

hör auf mit dem Gerede nur,
mein Kopf ist voll, schalte auf stur.

Schau links, schau rechts, mal nebenan,
dein Redefluss hält an und an.

So, so, ja, ja- Du merkst nicht mal,
dass leis Dein Feuerzeug ich stahl.

Versuch, ganz klar, leg´s wieder hin,
all Dein Geschwätz macht keinen Sinn.

Tatü, Tata, - ein stummer Moment,
ein Unfall? Oder ob es brennt?

Ja, ja, so, so- doch nun ist Schluss!
Good Bye, wie Tschüss, der
Gnadenkuss!

Na endlich wäre dies geschafft,
ne Stunde ward mit Dir gestraft.

Reisefieber

Frühster Morgen, struppig Haar,
weiße Bein, wie jedes Jahr.

Auf zum Reisen in die Wärme,
lange schon von Schweden schwärme.

Morgen dieser eilig war´n,
Bus wie Bahne erst gefahrn.

Alles bei mir oder nicht?
Anziehn schnellestens erpicht.

Leichtigkeit beim Rennen merke,
kein BH, es fehlt die Stärke.

Mit Entenmaske meiner Wahl,
vom Check – In bis zum Terminal.

Am Gate bummelnd, reges Treiben,
viele nur am Platze bleiben.

Raucherlounge, Bar oder Shop,
selbst der Piccolo schmeckt Top!

Durchgesagt, gebordet wird,
Flugesangst im Kopfe schwirrt.

Viele Leut erwarten Start,
mit Headset oder Rauschebart.

Ein Kaugummi wie Lieblingslieder,
hoff Käpt'n sei ein super Flieger.

Prösterken, die Welt wird klein,
im fernen Lande werd bald sein.

Schlafstörung

Regen plätschert auf dem Dach,
hält bis nächtlich tief mich wach.

Müdigkeit steht außer Frage,
stressig wars die letzten Tage.

Pling Plong Pling, fast musizierend,
aus dem Fenster lange stierend.

Wann - ja wann, kommt endlich Ruh!
Zähle Schafe, Wolf, die Kuh.

Letztlich lesend noch im Buche,
viel zu spannend es verfluche.

Regen längst verflogen sei,
wach durchs Buch bis nachts um drei.

Wenig Stunden Wecker schrill,
sagt, was ich nicht hören will.

Aufstehn, müde möcht noch Ruh,
genüsslich schließend Äuglein zu.

Doch der Alltag grausig sei,
heut hab ich nun mal nicht frei.

51

Schönheitswahn

Nichts dem Menschen gut genug
vertraut dem „Medien Betrug".
Nur schön, wenn
straffer Bauch, Bein, Po.
Nas' – Wangen – Munde ebenso.

Taile, Ohren – Piercing, wie Tattoo,
gehört zum Schönheitstrend dazu.
Hammerzeh wie Brust auch Augen
wird dir Geld aus Taschen saugen.

Zähne bleichen – Haar getönt,
lange Nägel, wirst verwöhnt.
Botox in die Falten spritzen,
piekst es auch in allen Ritzen!

Möchtet gern perfektus sein,
erschaffend Dr. Frankenstein?
Cyborg aus Maschinerie
altert ganzer Körper nie.

Leute, steht zu euren Schwächen,
gelten Fehler als Verbrechen?
Macht's nicht eher liebenswert,
nehmet euch ganz unbeschwert!

53

Staubwischen

Es sind die lästig Teilchen,
auch wenn geputzt kurz Weilchen.

Kannst prüfen alle Ecken,
Staub kann sich gut verstecken.

Am nächsten Tage wieder
singst du die Flockenlieder.

Man fragt sich nur woher,
kommt all der Dreck nur her?

Selbst Sauger, Wischmopp staunen,
die Feger lauthals Raunen.

Schon wieder Putzenszeit?
Das geht langsam zu weit!

Spacetaxi

Luxus, wer ein Auto hat,
brausen kann zu jeder Stadt.
Meistens in dem Staue wartet,
eine längre Route startet.

Stangentaxi, Bus genannt,
ihm oft hinterher gerannt.
Pünktlichkeit ist eine Zier,
sei der Bundesbahn Pläsier.

U-Bahn oft im Tunnel steckt,
Unmut der Passanten weckt.
Taxifahrt wohl Luxus pur,
fährt gern eine Extra- Tour.

Radeln ist der neue Trend,
gern mehr Wege dazu fänd´.
Pendeln, bös´ Verbindung feil,
ein täglicher Spagat zuteil.

Neu Erfindung an der Zeit,
Spaces Taxi schnell Geleit.
Sonnenantrieb jederzeit,
für uns Pendler stets bereit.
Fährt minütlich nicht in Stunden,
Kilometer schnell verwunden.
Steckst nur Chip ins Türschloss rein,
Tja, es könnt so einfach sein.

Umzug

Umzug so geplanet ist,
packst viel ein,
wirfst weg den Mist,
Kisten warten, ja wie nein,
brauchen? Oder lass ichs sein.
Tassen, Teller, Topf wie Pfann,
Kleider, Hosen, Bilder dann.
Schrank wie Bett
zu alt noch nett.
Kategorisch schreibest auf,
ja du hast es richtig drauf.

Groß Tag X nun geht es los,
sämtlich Arbeit läuft famos.
Bis du in der Wohnung NEU,
denkst durchdachtes bleibe treu.
Schon die erste Panne winkt,
weil die Toilette stinkt.

Rohrbruch, zelebrierst für Stunden,
kein Vermieter jetzt gefunden.
Viel Pakete an der Zahl,
stehn herum du hast die Wahl.
Möbel fein verschraubt doch jetzt,
all in Einzelteil zerfetzt.

Kein gerade fünf in Sicht,
Strom ist aus, hast auch kein Licht.
Kerzen irgendwo im Meer,
sehnst nach alt Wohnung dich sehr.

Deckst mit Mantel deinem zu,
stolperst noch über die Schuh.
Umzug, prima - gute Nacht,
hast ans Chaos nicht gedacht.

Weekend-Entspannung

Abenstunde dieser bin,
gelassen, Sinne vor mich hin,
Wochenende vor dem Auge,
sitze an des Rindes Baume.

Rätselheft wollt - vieles Lösen,
Alltagstiger - einfach Dösen!
DVD geplayet was?
Weltrekord im starken Bass!

Lass im Kopfe Stress passieren,
gekrochen bin, auf allen vieren.
Genuß nach Überstunden - Joch,
Eis im Joghurtbecher - doch!

Weekend frei, mit meinen Leuten,
wird maximalen Spaß bedeuten.
Voller Tisch - nebst Brot wie Wein,
Stunden sollten endlos sein.

Minute rennt, zu schnell vorbei,
das traute schöne Allerlei.
Montags wir dem Alltag frönen,
rückblickend auf Stunden schönen.

61

Wellness Tag

Am friedlich freien diesem Tag,
mach ich schlichtweg, was ich mag.
Mit Königs- Frühstück wohl beginn,
geb mich den Köstlichkeiten hin.

Ein Bad mit Kerzen, Maske fein,
auch Haarpracht soll gewaschen sein.
Schmück mich mit Wohlfühl-Robe schlicht,
stolzier zu sonnenbankes Licht.

Kein Stress, Gedanken arbeitsfrei,
erquickend die Massage sei.
Gebräunt, geknetet, nächster Gang,
wart´ im Nagelstudio lang.

Nach Muße ein Belohnungseis,
es naht der Abend aber weiß,
der Wecker morgen frühsten´s geht,
sich´s Arbeitsrädchen wieder dreht.
Doch ausgeruht wie frisch nun starte,
auf nächsten freien Tag schon warte.

63

Wenn´s nicht klappt

Du kannst Dich drehen oder winden,
der Allerwerteste bleibt hinten!

Such die Wahrheit bleibe schlicht,
vergiss zu hinterfragen nicht.

Sag „NEIN", wenn´s am Gewissen nagt,
die Situation Dir nicht behagt.

Werkeln

Der Nagel sticht
Loch in die Wand,
Hammer erpicht
auf neustem Stand.

Der Mensch ein Bild
gern angeschaut.
Der Hammer wild
auf Finger haut.

Ein Schlag wie Schrei,
Auweh wie Ach!
Daumen wie Brei,
ruf wen vom Fach.

Montiert präzise
diese Stund´,
so die Devise:
Bleib gesund!

Affäre

Momente der Wärme,
der Druck Deiner Hand.
Lässt hüpfen mein Herz,
umhüllst den Verstand.
Im Blick liegt Verlangen,
der Kuss voller Lust.
Im Gefühle verfangen,
dem folgen Du musst.

Genießen die Stunden,
in denen wir zwei.
Vergessend genießen,
als wären wir frei.
Dein Lachen, Geruch,
Stimme wie Spaß,
durch all Komponenten,
die Welt fast vergaß.

Wahrheit muss walten,
in der Geschicht,
Ehering strahlte im Kerzenschein- Licht,
alles war Trugschluss, gehörest mir
nicht.

69

Am Tag als die Liebe kam

Das Morgengraue wir uns teilten,
an einer schönen Stell' verweilten.

Ganz frisch, ganz „Neu" - so stehen wir,
im gradus Minus bis nach Vier.

Die Sterne klar die Sicht so weit,
fühlten wie Eins - Geborgenheit.

In dieser stillen schönen Nacht,
der volle Mond genüsslich lacht.

Verfrohren plaudernd auf der Bank,
das Lichtermeer so hell versank.

Ein Anfang der kein Ende find,
als Paar wir nun zusammen sind.

Alles Sunny

Sunny Boy - nebst Sunny Honey,
gingen gerne aus,
wollten tanzen, essen, lachen,
landeten zuhaus!

Spaß gehabt im großen Rahmen,
jeder fand es gut.
Muße Abend – eins, zwei, drei,
der Boy verschwand mit Hut.

Sunny Honey, vier, fünf, sechs,
verstand ihn furchtbar gut.
Denn auch sie - schau einer an,
genau das Gleiche tut.

Verbindlichkeiten keinem liegen,
egal welch Alters sei,
nutzet das Entgegenfliegen,
lebet vogelfrei.

Justus Spaß geboren wurde,
Kindlein namens Mist!
Lage diese nun absurde,
allein mit diesem bist.

Sunny Honey - fieser Plan,
gebe ihm den Rest,
zahlen kann er, welche Frage,
welch fatales Fest.

Sunny Boy, sieht diese Plage,
handelt im Gewühl,
klärt die Lage,
nimmt den „kleinen Mist"
zu Eltern mit Gefühl.

73

Beziehungsabschied

Zweifel plagen mein Gemüt,
hinten vorne – fies Debüt.
Worte schwirren wild umher,
ist es wahr? Nun nimmermehr!

Glaubte Lügen zu Beginn,
fragte mich, wo führt es hin.
Muss vergessen, was erwartet,
alles doch so schön gestartet.

Tausend Fragen, wer im Recht,
Bauch sagt ja, kopflastig schlecht.
Holdes Märchen- kurz gewesen,
konnte zwischen Zeilen lesen.

Geheimniskrämerei schlechthin,
selten taugt´s zum Hauptgewinn.
Zieh mich zurück in meinen Garten,
werd´ dort auf bessre Zeiten warten.

Einsamkeit

Nächtlich Stunde, vieler dieser,
fühl mich einsam, grausig fieser.
Just so mancher schön im Bett,
kuschelt mit dem Partner nett.
Tag besprochen, viel gelöst,
friedlich erst im Sessel döst.

Zeit für viel, doch gar nichts haben,
sich erfreu´n an täglich Gaben.
Froh wie munter Weg beschreiten,
da sie nie alleine gleiten.

Seh mein Bett, zu groß wie kalt,
schau zum Himmel, in den Wald.
sehe Sterne, Blumen, mich,
jedoch Partner meiner nicht.
Einsam schlafe schlecht, verrückt,
dass dieser Schuh so drückt.

77

Kraft der Gefühle

Tausend Sterne in meinen Augen,
welche nur für Dich leuchten.
Entspringen aus der Kraft
meiner Gefühle,
welche aus dem tiefsten Seelengrund
emporsteigen.

Tauche ein in eine Welt
voller Fantasie wie Wunder.
Betrinke Dich mit honigsüßen Worten,
umrahmt von zärtlicher Sinnlichkeit.
Erhasche liebkosende Küsse
eines Himmelswesens gleich.

Lass Dich zu entlegenen Plätzen
meiner ungestümen Lust geleiten.
Berauscht in dieser Glückseligkeit,
wirst Du mit der Ewigkeit eins.

Schwebe mit mir in eine Welt,
wo die Zeit zu stehen vermag.

Liebesfunke

Führe mich bis ans Ende dieser Welt.
Gebe mir Wärme wie Geborgenheit.
Schmücke meine Leere aus mit
Gefühlen.
Zeige mir Höhen aber auch Tiefen
aus Deinem unerschöpflichen Land.
Bereite mir kleine Wunder,
verzaubere mich,
damit mein Vertrauen zu Dir wachsen
kann.
Hülle mich ein mit faszinierend süßen
Worten,
von denen ich in kühnsten Träumen
nicht zu glauben vermochte!
Fang mich auf, bevor ich falle.
Sei mein Beschützer bei drohender
Gefahr.

Denn wenn zwei Herzen verschmelzen,
können sie füreinander bis in alle
Ewigkeit brennen.
Durch die innige Liebe werden wir zu
Eroberern,
sodass wir in alle unendlichen Weiten
entfliehen werden.
Halt mich fest,
damit unser Liebesfunke im Herzen
niemals erlöschen kann.

Liebeskummer geht vorbei

Zeiten laufen ungewiss,
einen Menschen sehr vermiss.

Sinnlos meine Liebe nahm,
böswillig ohn jeglich Scham.

Getrampelt auf Gefühlen mein,
niemals mehr möcht Sklave sein!

Starken willens jeden Tag,
in der Luft meist grollen lag.

Seinen fiesen Schmach ertrug,
bis zum Punkte- sei genug!

Weichen des Lebens grausig sind,
des Bettes Kissen einsam find.

Durch viele Tränenstraßen laufe,
Zweifel bald im Sumpf ersaufe.

Hinkend Seele brauchte mehr,
beflügelte Entscheidung sehr.

Trübsinn schnell verflogen ward,
ein neues Ziel im einsam Start.

Freunde mir in Nöte diesen,
rieten ab mir von dem fiesen.

Berg versetzen – wieder Lachen,
endlos tolle Sachen machen.

Ohne Zwang, nun frei jedoch,
geblieben sei ein Herzensloch.

83

Mini-Schneemann

In dieser Nacht durch Traum erwacht,
zum Fenster schauend - weiße Pracht.
Der Mond die Lage streng bewacht,
sich Sternenhimmel weit entfacht.

Mit Groll wieder an dich gedacht,
mein wütend Feuer neu entfacht.
Quälend Gedanke, Herz aus Stein,
auf Fensterbanke Schnee - wie fein!

Geformt 'nen Schneemann, Mini sacht.
Geholfen, sogar laut gelacht!
Er war so glitschig, rutschig, flog,
auf Pflaster, voller Lug wie Trog.

Fliegend Schneemann - nun tausend
Flock,
dich begraben, als blöde Sock!

Friedlich schlafen konnt im Nu,
bis morgens Stunde schöner Ruh.

85

Herzensmensch

Eines sei mir ganz gewiss,
bös´- den Einen noch vermiss.

Immer wird im Herzen sein,
passen wohl so manche rein.

Doch nur er hat Königsplatz,
seltener- besondrer Schatz.

Zwar jeder seine Wege geht,
doch echte Liebe ewig steht.

Prinzen und Pferde

Dies ist ein Reim, ja ein Gedicht,
gibt's Pferde nur, doch Prinzen nicht.
Sie sind schon längst nicht mehr im
Buche,
verwischt, verscheuert mit dem Tuche.
Pferdemänner kaum zu halten,
haben Bauch wie dicke Falten.

Verrückt!!

Wie soll man sich besinnen?
Kann seinem Schicksal nicht entrinnen?
Der Stall zu kalt, Behausung schmutzig,
ACH, Männerwelt, ist sie nicht putzig?
Mit Lächeln auf den Lippen so,
bin ich mit mir alleine froh.

So die Moral von der Geschicht,
ich will die „ollen Prinzen" nicht.

89

Seelenverwandt

Oft an endlos vielen Tagen,
vielerorts sich Menschen fragen.
Möchten Topf zum Deckel finden,
ohne sich wie Horst zu schinden.

Wertvoll Grundvertrauen spüren,
selbst mit komischen Allüren.
Sich ergänzen - riechen – lachen,
täglich Spannendes entfachen.

Tief vertraut etwas erreichen,
alle Flirts, wie one-nies streichen.
Seelenfried verwandtes Wir,
wertgeschätzt zu mir wie Dir.

Innig fühlst- verschmolzen bist,
nach Minuten sich vermisst.
Alles teilen - gern verweilen,
alte Wunden schnell verheilen.

Sich gewiss in jeglich Lage,
auch gesundheitlicher Plage.
Liebender ohn´ Ach noch Wehe,
absolutlich zum- UNS stehe.

Dies erlangt - sollst Glücke preisen,
friedvoll in die Zukunft reisen.

Sehnsucht

Gedanken frei, doch unentwegt,
ganz leise zu Dir fliegen.

Kaum bist Du fort, so wünsche ich,
in Deinem Arm zu liegen.

Verzaubern Deine Augen mich?
Vielleicht ist´s auch Dein Lachen?

Verrückt bist Du, genau wie ich,
erleben tollste Sachen.

Sphären-Märchen

Erzähl mir was, ein schönes Märchen,
versetz mich so in eine Sphäre.
Wo Träume keine Schäume sind,
man lachen darf, noch wie ein Kind.

Sorglos durch die Zeiten schweifen,
nichts verstehen - wie begreifen.
Körper schwebend, ganz weit weg,
kein Wenn - noch Aber - wie Versteck.

Ohne Laster, Reichtum pur,
Früchte pflücken - braucht man nur.
Kann tun - auch lassen, was man mag,
den ganzen lieben, langen Tag.

Erzähl mir was, ein schönes Märchen,
ich kau derweil die Gummibärchen.
Versetz mich so in eine Sphäre,
ganz schwerelos, als wenn nichts wäre.

Tröstende Worte

Voller Trauer stehst im Dunkeln,
Träne fließt - Gefühle schunkeln.
Gedanken quälend, auf die Reise,
keines Weges Zukunft weise.

Welt schier auseinander fällt,
Gedanken - Glas zu Boden schnellt.
Sinn wie Wahnsinn Dich betrügen,
Leben nur besteht aus Lügen.

Hoffnung schwer zu fassen ist,
eine Schulter du vermisst.
Genau dann, möchte ich bei Dir sein,
geb tröstend Arm wie Ohren mein.

Bleibe bei dir bis zum Morgen,
Teilen uns die fiesen Sorgen.
Auf ganz kleinen, leisen Sohlen,
schaut der Frohsinn schon
verstohlen.

Wartet auf die rechten Schritte,
gibst Kummer bis zur Wüste tritte.
Wir schon baldig wieder Lachen ,
unsre Späße weiter machen.

Unglückliche Ehe

Will ich - oder lieber nicht?
Koche Dir Dein Leibgericht.
Schau zum Fenster, Sonnenschein,
zweisam - fühle mich allein.

Jahre sind ins Land gezogen,
manchmal haben wir gelogen.
Scheinwelt – Garten - Haus wie Baum,
in Blase lebend - oder Traum.

Status unser, viel erreicht,
finanziell fällt alles leicht.
Was verlorn in all den Jahren,
anfangs, als wir jünger waren.

Charme wie Knistern in der Luft,
Unbeschwertheit - wohl verpufft.
Alltagssorgen, stressig Ding,
öfters sich im Streit verfing.

Will ich - oder lieber nicht?
Ohne Dich nur fies? Wie schlicht?
Wenn mein Seele atmen kann,
wird's dann schöner irgendwann?

Ungewiss meets Alltagstrott,
entscheiden muss man ja nicht flott.
So ziehn Jahre mehr ins Land,
bis man vor dem Grabe stand.

Drum prüfe, wer sich ewig bindet,
ob sich nicht was Bessres findet.

Urlaubsreise

Tag X der Urlaubsreise nun,
konnt in der Nacht so gar nicht ruhn'.
Koffer parat - mit Sack wie Pack,
gings in der Früh im Laufschritt - zack!

Im Zuge samt der Litanei,
kein winzig Plätzchen wieder frei.
Gedanklich alles durchgecheckt,
Angst auch Bange - noch versteckt.

Eventuell etwas vergessen?
Zahnbürst, Geld.. Etwas zu Essen?
Salzig Kekse – Kirscheskuchen,
wollt grade meine Börse suchen,
als stramm, wie böse – wohl vermessen,
Schaffner:„Na, auch nichts vergessen?"

Schweißgebadet - Ticket gefunden,
Kopfe rot - gefühlte Stunden.
Kullert leis aus meiner Tasch,
kleine pikolino Flasch!

Fieser Start nahm schöne Wende,
herrlich Mannsbild stand behende,
grinsend Augen voller Sterne,
fragte - geht es in die Ferne?

Viele Stunden,
wie verschwunden,
unterhalten wie noch nie,
über dieses, jenes ,welches,
wer, wo, was auch wie.

Bahnesfahrt dem Ende neigte,
schönste Pracht Hotel sich zeigte.
Neuer Morgen - keine Sorgen,
wollte mir ein Fahrrad borgen.

Hinterrücks sprach Stimm zu mir:
„Tschuldigung? Schon lange hier?"
Breites Grinsen – Zugbegleiter!
Tja, so geht die Story weiter.

Radelten gemeinsam diesen,
windig ersten schönen Tag.
Jeder fühlte, wusste wollte,
er den andren furchtbar mag.

Sonnenschein wie Wolkenzauber,
Dünengras die Möwe lacht.
Bis zur späten Abendstunde,
Leuchtturmlicht schon lang erwacht.

Treffens Ende -
ganz behende.
Wer wohnt wo, ja wie zur Nacht?
Folglich beide unvermeide -
ob der Teufel lacht?

Nächster Tag, zum Ufer starten,
musst auf Strandkorb lange warten,
Segelschiffe langsam gleiten,
Schaumeskronen Szene leiten.
Wellen, Seestern, viele Quallen,
von der Seel manch Bündel fallen.

In der Ferne - Robben schwimmen,
im Sonnenlicht Sandbänke glimmen.
Setz mich, mit zerzaustem Haar
ans Wasser - find es wunderbar!

Nun wieder diese Stimme spricht:
„Siehst du den Regenbogen nicht?"
Mein Zugbegleiter - Zufall weiß,
hat im Gepäck Vanilleeis.
Mit Erdbeern dazu süßer Sauce,
aßen gemeinsam aus der Dose.

Am Horrizont der Mond zu sehn,
traumhaft, keiner wollte gehn!
Bis zum Morgenrot gestalten,
Arme, Blicke, konnten halten.

Irrsinn - jeder fühlte Viel,
unbekannt war unser Ziel.
Nächster Tag - Frühstück am Strand,
mit Decke, Kühltasch' warmen Sand.

Ein Nichtschwimmer den Fuß vertrat,
nie weit ins Wasser - Omas Rat!
Bikini nass, auf brauner Haut
genervt, weil jemand zuviel schaut.
Wünsch ihm ne Mütze, welch zu groß,
ein unbemanntes schnelles Floß.

Als wieder hinter mir mein Held,
seine Stimme fröhlich schnellt.
„Sorry, Madame ist da noch Platz?"
Mein Herz schreit „ja!" für dich,
mein Schatz!

Bis zur späten Abendstunde,
am Strande unsre letzte Runde.
Der Mond all unser Schwärmen sah,
Umarmungen so wunderbar.
Küssten bis die Sonne lachte,
nur Gefühle - keiner dachte.

Diesen Tag wir noch erlebten,
Körperlich umschlungen bebten.
Irgendwann all Ende hat,
wohnten nicht in gleicher Stadt.
Doch was weiter wird geschehn,
kanns in Träumen lebhaft sehn.

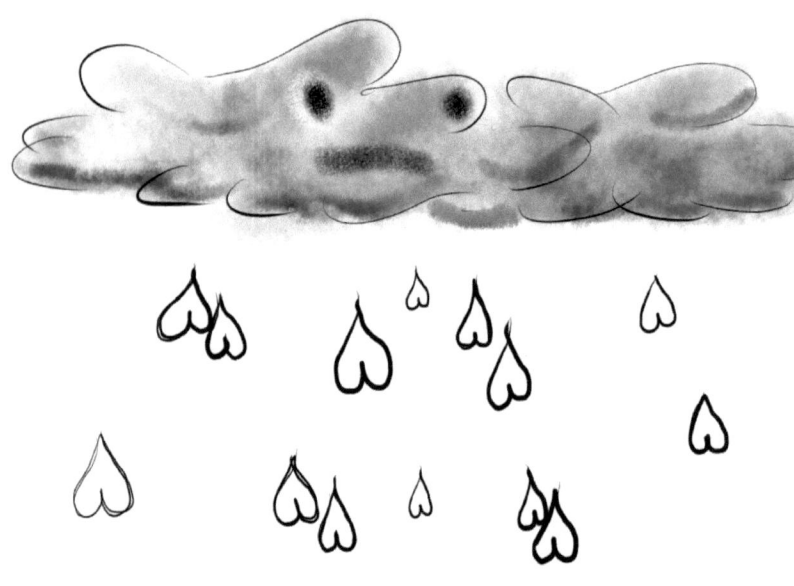

105

Verlorene Liebe

Auf Dich gereimt, die Zeil, das Wort,
endlose Meilen bist Du fort.
Gedanken an vergangene Tage,
wie geht es Dir, ist hier die Frage?

Lang grübelnd, suchte einen Sinn,
wo sind unsre Gefühle hin.
Das Wie - das Wenn - das Wo -
auch Was,
verspürten jede Menge Spaß.

Verloren ein geplantes Ziel,
erträumt hatten wir endlos viel.
Verwirrt, bin innerlich zerrissen,
zwischen Liebe - dem Gewissen.

Würd gern Dich in den Armen halten,
doch kann Vergangnes nicht verwalten.
Puzzle-Teil, welches nicht passt,
Weichen stellend - wurd zur Last.

Herzens Mauern hoch gebaut,
hinterfragen keiner traut.
So Wunder müssten da geschehn,
gemeinsam Weg weiter zu gehen.

107

Verlieben

Wenn Hoffnung aufgegeben sei,
du völlig losgelöst - wie frei.

Mit dir, der Welt - im Einklang bist,
den anderen Part gar nicht vermisst.

Genau dann - trifft des Amors Pfeil,
aus diesem Grund entstand die Zeil.

Bringst mir, ich dir- das Fliegen bei,
wir lieben, doch sind beide frei.

Bau´n unsere eigene schöne Welt,
bestaunen Stern am Himmelszelt.

Des Bauches Kribbeln - schönes Wort,
trägst aus dem Alltag mich hinfort.

Zwickel

Eines Nachts im Mondesschein,
wollt ich nicht mehr einsam sein.
Schon nach längerem Verfluchen,
konnte ich mein Glück versuchen.
Dabei konnte ich verbuchen,
schneller backt man einen Kuchen.

Der eine dick - der andere dürr,
ein nächster stark - mit Hirngeschwür.
Überzeugend schreib ich nun,
folgendes ist jetzt zu tun.
Nehme einen starken Knüppel,
großen Sack mit ganz viel Zwickel.

Stecke dort die Kerle rein,
wahllos „ Hiebes Sacke" fein.
Rechten treffen werd ich schon,
freudig lächelnd - fieser Hohn.

Freunde

Viele Menschen welche Lieben,
lebenslange bei dir blieben.
An dem Strange ewig ziehn,
jeden Winkel mit dir fliehn.

Sollten Berge zwischen liegen,
sie im Zweifelsfalle fliegen.
All dein planen, kramen, machen,
redet über sämtlich Sachen.

Meist Gespräche lustig enden,
haltet euch im Arm wie Händen.
Hast du auch die größten Sorgen,
fürchtest dich vorm nächsten Morgen.

Hört dein Freund dir gerne zu,
hätt zwar gerne seine Ruh.
Draht des Telefones glühe,
manches Mal bis in die Frühe.

Wird durch dünn wie dick gelaufen,
Lebensbindung vieler Schlaufen.
Nichts passiert ohn tiefen Grund,
Seel Verwandte sich gefund.

Wandelt durchs gesamte Leben,
werdet Halt wie Anstoß geben.
Freunde unbezahlbar "Gut",
im Leben voller Ebb wie Flut.

Eule Fridolin

An einem schönen Sonnentag,
Spazieresgang im Parke mag.
Saß auf der Bank, Vergnügen mein,
schöner könnt der Tag nicht sein.

Ein leises Rascheln wohl vernahm,
welches aus dem Busche kam...

Die kleine Eule Fridolin,
am Tage blind gefallen hin.
Behutsam hob ich sie empor,
mehr hatte ich so gar nicht vor.

Eulchens Glaube fast entschwunden,
heulte um Hilfe viele Stunden.
Seitdem sehn wir uns jeden Tag,
weil Nötefreund wohl jeder mag.

Episoden des Alters

Ein Ringelreih'n des Ganzen sei,
mit zwanzig fühlst dich Vogelfrei.

Mit dreißig deine Lust erwacht,
machst Dinge, welche nie gemacht.

Mit vierzig strebst du steil zum Ziel,
beginnst zu Leben - weißt schon viel.

Mit fünzig grübelst du im Stillen,
hast Rückrad, einen graden Willen.

Mit sechzig voll Humor doch ziehst,
dem Alltag gerne mal entfliehst.

Mit siebzig freust auf jedes Stück,
weißt, nichts Erlebtes kommt zurück.

Wenn achtzig du erreichst, sei froh,
Rollator treibt dich vorwärts so.

Mit neunzig fällt dir's hören schwer,
Vieles weißt du auch nimmer mehr.

Mit hundert wundersamer Streich,
jeder Tag erscheint dir gleich.

So Lebe glücklich, wie bewusst,
bejahend Liebes - Lebenslust.

In jedem Alter steckt ein Reiz,
Genieß es! Sag: „Was soll der Geiz!"

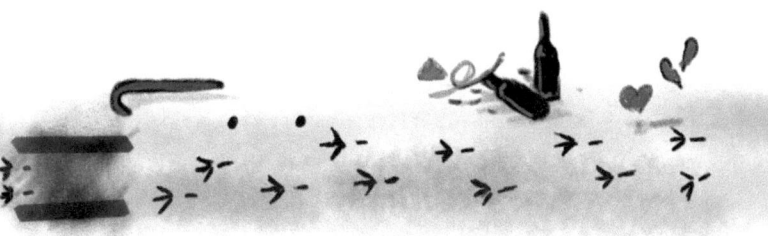

Familie

Mit Lesebrill' die Zeilen schreibe,
chaotisch Tisch, alleine bleibe,
merklich die Sekunden rauschen,
gerne Worten weiter lauschen.

Schöner Tag - so wir empfunden
mit Frühstück, wurschteln -
mußig Stunden.
Abschied naht - die Stille schreitet,
gerne euch zum Gleis geleitet.

Kind erwachsen - Wir, jetzt Wer,
stürmisch Zeiten fielen schwer.
Erlebtet eure eigne Welt,
mit Barbie – Comics - Marvel Held.

Tanzten fröhlich bis zur Nacht,
mit Freunden haben wir gelacht.
Irgendwann die Gleise zogen,
jeder machte seinen Bogen.

Dessen Welt ihm selbst genüge,
normes nicht wie jeglich füge.
Kleine Kriege – wir geführet,
trotzdem jeder dieses spüret,
wir sind bis zum End verbunden,
stehn' zusamm in schwierig Stunden.

Eins sein - dennoch niemals gleich,
Famielienbande macht uns reich.
Genießen uns - bis Tod gewinnt,
all Lebenszeit im Sand zerrinnt.

119

Jenseitsreise

Im Zug nach Nirgendwo ich saß,
mein Lunchpaket genüßlich aß.
Räder rattern - wohlgefall,
an Bergen Zuges, Tutens Hall.
Am Ohr Musik, der Stöpsel klein,
Sonne lacht, empfinden fein.

Genieß die Aussicht, schlürfe Sekt,
leise in der Tasch´ versteckt.
Gespannt, wo Reise endet mal,
zum Orte hat ich keine Wahl.

Wusst nur, Gedanke letzter mein,
gestorben, möcht nicht einsam sein.
Im Zuge saßen wunderbare,
Menschen aus vergangnem Jahre.

Reise letzte wir nun machten,
vermutlich all das gleiche dachten.
Im Lichtestunnel Zug gehalten,
schwebend wir es nun gestalten.
Ziel erreicht, in Hoffnung stehe,
meine Liebsten wieder sehe?

121

Lebenskarussell

Das Leben ist ein Karussell,

heute langsam, morgen schnell.

funktionieren, Deligieren,

Lernen, Reden auch Studieren.

In der Jugend wir gestalten,

kleine Sorgen bloß verwalten.

Eines Tages kommt der Knall,

erleidest einen Schlaganfall.

All dein Sinnen, Planen, Denken,

kannst den linken Arm nicht lenken.

Schaust im Spiegel, welch ein Glück,

das Gesicht wurd nicht entrückt.

Pfleger sich um deiner sorgen,

lebst im Heut` zum nächsten Morgen.

Erinnerung- Geschichte dein,

wird ewiglich lebendig sein.

Watt Kütt- Datt Kütt

Watt Kütt- Datt Küttt im wahrsten
Sinn,
et lüppt die Zeit schnellstens dahin.
Was heute richtig schrecklich wichtig
ist morgen einfach null wie nichtig.
Man drängelt - handelt unbeschwert,
dir's Leben einiges beschert.

Viel geweint, als auch gelacht,
leichtfüßig oder bedacht,
viele Hürden überschritten,
mit Widersachern rumgestritten.

All vergänglichkeiten Schluss,
jeder einmal gehen muss.
Dein Überlegung innerlich,
wars schön oder zu widerlich?

Wenn Sargesdeckel nahe seh,
das Leben nochmal rückwärts geh,
möcht sagen ich in allen Dingen,
man konnte mich zu gar nichts
zwingen.
Gelebet so wie ich es wollte,
kein habs verpasset, oder sollte.

Mein Seelenfrieden sei korrekt,
auch wenn´s dem Rest der Welt
nicht schmeckt.
Möcht sterben irgendwann mal froh,
mit Flügel an den Schultern so.

125

Rabenfantasie

Zeilen diese einst geschrieben,
als Fantasie wie Traum geblieben.
Gerufen alle Raben mein,
zur Stelle werden alle sein.

Geb' Auftrag ihnen - nächtlich Stund,
Befehlung aus dem tiefsten Grund.
Holt Zepter mein - des Schildes - Gilde,
bewachtet Schatz, auch mein Gefilde.

Im Morgengrauen krähet grell,
gewappnet seid, des Kampfes schnell,
beschützet das gelobte Land,
habt Fahn', wie Zepter stets zur Hand.

Beeilet euch, baldig wird's hell,
die Sonne küsset Tag so schnell.
Besiegter Dämon - einst noch wilde,
gestürzt durch Raben, Mut, wie Schilde.

Raben, ritterlich - zieht ein,
als Helden sollt geküret sein.

Rückblick

Schnell die Welt sich für uns drehe,
zurück in alte Zeiten sehe,
Alles wohl viel besser war,
gestellt der meisten Menschen dar.

Doch war´s wirklich unter Lupe,
eher wie die schiefste Hupe?
Heute kauf ich ein paar Schuh,
passen prima, habe Ruh.

Früher konnte man nur Tauschen,
mit gebrauchten sich berauschen.
Viele hören weit und breit,
Musik aus vergagner Zeit.
Fantasie im Kopfe blüht,
schön Empfinden im Gemüt.

An Epoche Vierig denkend,
mal das Ruder rückwärts schwenkend.
Saßen mit gestrickter Hose,
Schulbank stach wie Dornesrose.

Leibchen ward mit endlos Knopf,
gewaschen all in einem Topf,
welcher nachts das Pissuar,
Plumpsklo weitens draußen war.

Oh, Geschicht nie enden mag,
niemands Laut gab eine Klag.
Doch in Zeiten unsrer heut,
an Komfort sich nur erfreut.

Leibchen, Wäsche, lange Sock,
winterlicher Gruselschock.
Bis zur Brust der Strumpf gestrickt,
Backpfeife wenn rumgezickt.

Renomee gezogen sei,
Früher war es Einerlei.
Wichtig, kam die Frau ins Haus,
holte man die Schürze raus.

All dies würd in heutig Tagen,
kann man all betagte Fragen.
Verletzung Körperrechtes gleich,
nichts war fluffig oder weich.

Für die Nörgler dieser Tage,
stelle sich nun folgend Frage.
Wäret ihr nochmal bereit,
erleben „Alt" Begebenheit?

Alptraum vor dem Urlaub

Fies Spektakel – sprudelnd Schaum,
hatt' letzte Nacht 'nen grausig Traum.
Mit meinem Jet - Kirchturm gepackt,
als meine Bärbel Fleisch gehackt.

Mit Mixer - Sellerie wie Lauch,
Kastanien, die Spaghetti auch.
Ihre Haare trägt sie frei,
die Liebe meines Lebens sei.

Diesel voll - dass Leben lacht,
Reisen spätestens zur Nacht.
Geflogen in der Sturmesflut,
Getriebe ächzte - gar nicht gut!

Schweissperl' auf die Stirn geschossen,
Sicherung - wie Blei zerschossen.
Knatternd Motor - schiefe Bank,
mit der Liebsten - „böser Zank".

Was zuletzt ich nur noch sah,
Glaskontainer – wunderbar!
Aufgewacht - schau in den Spiegel,
Panik! Traumes siebtes Siegel.

Werd sofort – bin ich auch blank,
Vertrage schließen mit der Bank.
Auf Sicherheitspolicen warte,
erst danach den Urlaub starte.

Berufspannen

Schon als Lehrling schnell gesehn,
das wunderliche Ding geschehn.
Abends die Regale rücken,
konnt den Chef gar nicht entzücken.
Er an meine Arme stieß,
sein Toupet ihn so verließ.
Mein Gelächter ihn verletzt,
Wochen Lager nur gesetzt.

Unternehmen neues nun,
Lacher wollten gar nicht ruhn.
Exibilizist sich zeigte,
an des Schauesfensters neigte.
Ein Pärchen in Kabine still,
machten das, was keiner will.
Eimer Wasser unsre Gabe,
löste die miserisch Lage.

Biste schnell, musst viel verrichten,
kannst erzähln endlos Geschichten.
Auszeichnung der neuen Ware,
grausig sträubten sich die Haare.
Frustig in dem Keller hockte,
mich der Teufel fiesest lockte.

Gedanklich situiert famos,
Preisauszeichnung an der Hos.
Nicht am Bund – zum Schritt gebracht,
heimlich hämisch laut gelacht.
Kunde wohl den Preis erfrage,
sowas gibt's nicht alle Tage,
leider konnt ich dies nie sehn,
weiteres ist noch geschehn.

Kundenservice keine Frage,
Ziele dein an jedem Tage.
Imprägnierung so vor Ort,
keiner sagte mehr ein Wort.
Falsch Dos gegriffen so im Nu,
schwarze Flecken hat der Schuh.

Dekorieren, Fenster weit,
so begabs sich dieser Zeit.
Schaufenstertür geschlossen,
ging ohne schaun verdrossen,
knallend Sternendes Gefühl,
im Gehirnerschütterungsgewühl.

Peinlichkeiten oft grasieren,
grausig, wenn sie dir passieren.

Bückend die Pakete stemmte,
meine Hose erstmal klemmte.
Danach hör' ich Ratsch wie Riss,
unverhohlen mir gewiss.
Dieser Tag noch lange Stund,
Jacke um die Hüfte bund.

Wohl im Boden wollt versinken,
oder just im Meer ertrinken.
Als des Blusens-Busenknopfe,
ohne Top drunter am Schopfe.
Kunden sehen konnten da,
mein getragenen BH.

Lach im Nachesgange heiter,
bei nächst Begebenheiten weiter.
Im Lager tönend Sprachrohr dies,
Kartöngchen bitte so es hieß.
Erwartet Kartonage groß,
doch kleinster den ich fand, famos.

Dacht Kollegens Ärger kommt,
doch aus Sprachrohr folget prompt.
Lachen, denn ohn manchen Mist,
man im Leben Spaß vermisst.

Herrlich manch gebrachte Sachen,
Pannen bringen uns zum Lachen.
Lebenslang im Kopf begleiten,
uns erzählend Spaß bereiten.

Letzte Chance

All Energie - auch Kraft entschwinden,
wenn Galaxien sich nicht finden.
Zeit verrinnt, die Sterne fallen,
Unsre Gedanken im All verhallen.

Den Himmel im Konsum gesucht,
Spaß, welch Gegenwart verflucht.
Gesellschaft zieht am Zahn der Zeit,
vergisst ihres Planeten Leid.

Ein lebend Ellenbogenheld
will Macht wie Energie - auch Geld.
Es schreit das Meer, es weint der Baum,
im Hier wie Jetzt in Zeit und Raum.

Veränderung soll uns erfassen,
globalen Frieden, nicht mehr hassen.
Gemeinsam nur auf eines schaun,
Planeten wieder aufzubaun.

Das Universum weit auch klar,
wohl aller unser Ursprung war.
Atome Teil desselben sind,
mit solch Erkenntnis „NEU" beginnt.

Besoffen

Ich glaub, ich habe einen sitzen,
vom Kopf bis zu den Zehenspitzen.
Zuerst verspüret man ein Kribbeln,
nervös fängt mancher an zu wibbeln.

Hernach folget ein dummes Babbeln,
ganz schlimme werden sich besabbeln.
Der Fußmarsch wird zum Zicke Zacke,
egal, heut' haun wir auf die Kacke.

Nun Prost Ihr Leut, lasset uns heben,
im Suff lässt es sich leichter leben.
Oh, Mist verdammter! Brauch nen
Kübel,
mir ist vom Alohooohl so übel.
Hoch - lasst uns die Gläser heben,
Trinkspruch nach dem andren geben!

Böser Plan

Der Tunichtgut nebst Bösewicht,
auf Nachbars Klunker bös erpicht.
Im nächtlich Nebel sei Aktion,
stehn mit Leiter lauernd schon.

An der Ballustrad entlang,
Winkel fies im Busch verfang.
Piksend Rosen,
Bein wie Hosen.
Dornend wohl bespickt,
schwere Lage,
fiese Plage,
neuen Plan gestrickt.

Geschwind gebückt,
total entzückt,
Kellerfenster offen.
galant geflutscht,
hineingerutscht.
Für den Dicken hoffen.

Er steckte fest,
Wachhund gab Rest.
Biss furchtlos ins Gesäße,
machte keine Späße.

Solch Kellerfundus nebenher,
ohne Licht fiel es nicht schwer.
Folterkammer schaurig Ding,
mittich eine Lampe hing.

Schalter neben Tür wird's bringen,
werd die Klunker schon erzwingen.
Schalterstrom nun grausig schnellte,
Raum wie Tunichtgut erhellte.

Stromschlag! - Pech soll heute walten
für die langfingrig Gestalten.
Nachbar saß in seinem Garten,
konnte es fast nicht erwarten.

Polizei mit Gurt wie Helme,
festgenommen böse Schelme.
So Moral von der Geschicht:
Unterschätze Nachbarn nicht!

Darmbewegung

Es war einmal, hoff kommt nicht mehr,
ein Darmeswind, welch quälte sehr.
So Schweiß gebadet, nachts ereilte,
im Bauchesschmerze fies verweilte.

Kampf dem Krampf, wollt schlafen doch,
bös ertragen Schmerzens Joch.
Gerollt, gestreichelt Bauch - Oh Weh,
mit Schrecken auf die Uhren seh.

Pein mit Wärmesflasch versuch,
Nacht verkorkst, sie grad verfluch.
Oh! Zwiebel, Kohl , auch Erbse mein,
die Suppe schmeckte wirklich fein.

Gequält vom Essen, welches schmeckt,
mich in der Nacht feudal geweckt.
Schön,wenn Darmes endlich frei,
Schmerz verschwindet ,Ruhe sei!

So Moral von der Geschicht:
Iss Kohlsupp in der Woche nicht!

141

Single Mann

Gepflegt ein Mann sei nach dem Bade,
rasiert unter dem Arm wie Wade.

Gestutzt das Brustgefilde auch ,
nebst unterstem wie seinen Bauch.

Wenn Haar am Kopf gegelet fein,
in Top Klamotten er hinein.

Weiß jede Frau ob Land wie Stadt,
er hat sein Single - Leben satt.

143

Duschen

Stinkend sitze ich am Tisch,
verfolget werd von Duftes Fisch.

Fühl wie Made mich im Speck,
lauf zur Dusch – hoff, gleich ist´s weg.

Seife wird ins Gute wenden,
Kopfe - Rumpf -Fuß sowie Händen.

Rutschig, flutschig hin wie fort,
Wasser fließt an Duschens - Ort.

Plätschernd an des Körpers seicht,
jeden Winkel wohl erreicht.

Doch nach einig Stunden stink,
wieder wie Domspfaffen – Fink.

Mülleimer des Schreckens

Urlaubstag - Musik auch Zeit,
jeder Schandtat war bereit.
Sortierte mein Papiere so,
voller Tatendrang wie froh.

Wohnesboden fast versteckt,
mit Blätterwerken zugedeckt.
Pause zwischendrin die nette,
rauchte eine Zigarette.

Nun für's schnelle weiterkommen,
Wasserstrahle so genommen.
Doch das Kippchen brannte weiter,
nichts gemerkt, jetzt wird es heiter.

Emsig in Sortierung sei,
suchte so ganz Nebenbei,
etwas süßes zum Verzehr,
Küchengang wurde nun schwer.

Rauch kroch durch des Müllesschrank,
schon Geruch allein macht krank.
Schnellsten Schrittes Angst -
wie Schreck,
holte dampfend Tonne weg.

In der Wannes Wasserstrahle
Glimmpapier wars allemale.
Brand verhindert - Qualm erzeugt,
Sirene sich der Lage beugt.

Schnell geöffnet Fenster - Tür,
Mantel vor's gesichtes Kür.
Spannend - in nur kurzer Zeit,
Nachbarn an der Zahl - nicht weit.
Helfend ob mit Eimer diesen,
Schirm, versuchten Tone fiesen.

Hausverwaltungsdame hing,
abzustellen Rauchers Ding.
Flott an Schaltenskasten,
betätigte sämtlich Tasten.

Piepend Ding so unentwegt,
Feuerwächter schnell zerlegt.
Katzen mein - fanden Verstecke,
im Schranke als auch unter Decke.

Viel Tumult in Wohnung mein
ein entspannter Tag sollts sein
Helfend jeder ohne Frage,
standen zu mir in der Plage.
Dank an alle Nachbarn mein,
welch in Notlag da zusein.
Lächelnd nochmal nachgedacht,
Zeilen so für Euch gemacht.

146

Nahkot Erfahrung

Picknick, Essen ganz in Ruh,
Glöckchen bimmelt an der Kuh.
Auf Almes Wiese unterm Baum,
wurde müd, verfiel im Traum.

Konnt durch Nebel Sterne schaun,
sah Nymphen, Blüten, schöne Fraun.
Elfen tanzten im Kreis mit Gesang,
lieblich, melodisch war dieser Klang.

Zauberlandschaft, Nektar pur,
Flüsse führten mich zur Spur,
Leises Flüstern einer Fee,
Lockenkopf - nebst Tasse Tee.

Grinste, fragte mich kokett,
wie ich hierher gefunden hätt.
Kleiner Augenblick der Stille,
vielleicht wars Sehnsucht ? Oder Wille?

Blöße zeigen wollt ich nicht,
sagte: „ Folgte nur dem Licht."
All Elfen darauf herzlich lachten,
geschwind zur Wies retour
mich brachten.
Beduselt, Orientierung suchte,
meine Schläfrigkeit verfluchte.

147

Ein Muh wie Maah,
schon um ein Haar,
Glöckchen Kuh mich fast erwischte,
aus dem Hinterteile zischte.
Bald hätt´s Weidenvieh geschafft,
rasend schnell mich aufgerafft.

Schnappe Decke, Schuh, Geschirr,
bin im Kopfe gänzlich - wirr.
Im Traume schön Begegnung fand,
vielleicht beim nächsten Mal am Strand?

Pechtag

An einem kalten Wintertage
stellte sich die große Frage,
wie das Pech wohl grausig sei,
startete mit faulem Ei.

Montagmorgens – Kaffeedufte,
schöne Stimmung schnell verpuffte.
Mir recht kalt am Tische war,
Wärmflasch am Bauche – nasses Haar.

Eises Fuße – Sock mit Loch,
explodiert der Föhn auch noch.
Mit „ACH" wie Krach - das Haar nun lag,
nun Frage, welcher keiner mag.

Kleiderschrank zum Platzen voll,
weiß nicht, was ich anziehn soll.
Edler Duft, sollt' Laun erhellen,
Spritzer fies ins Auge schnellen.

Wollt restlich Zeit etwas versüßen,
Nachrichtensprecher freundlich grüßen.
Drück auf Fernbedienung hin auch her,
stell fest, Batterien waren leer.

Brauchte Spaß, rief Freundin an,
diese ging partout nicht ran.
Schreite so mit Reizgemüt,
zu verstecken sehr bemüht.

Was mir wirklich bös' verhasst,
Glatteis – rutschen – Bus verpasst.
Haltestelle vor mich sinnend,
Eimers - Gusses Regen rinnend.

Hin die schöne Lockenpracht,
Petrus! Hat es Spaß gemacht?
Nasser Kopf sei nicht genug,
ein Auto fährt im Sausezug.
Pfütze spritzt hoch – so ein Mist,
Kleidung nass - voll Flecken ist.

Weg zu Fuße weiter ging,
stets an roter Ampel hing.
Fahrschule warm wie wohlig war,
Lehrer empört - Worte nur rar.

Wollt Führerscheinbögen ausfüllen dort,
doch schickten sie mich schleunigst fort.
Kein Schein - kein Geld – nicht
eingegangen,
welch ein peinlich Unterfangen.

Kann nicht sein – renne zur Bank,
HATSCHI - glaub' ich werde krank!..

Bank stets freundlich, hilfreich, bestimmt,
doch ohn' Gehalt man trocken schwimmt.
Bei Null wie Nichtse auf dem Konto,
Chef die Kohle – „Aber Pronto!"

MC Donalds – Ja! Der machet froh,
bestrebend diesem Wege so.
Geschenk Coupons, die hat´ ich noch,
aus Zeitungsfundus – letzte Woch´.

Mit lecker Burgern heimwärts wandel,
Unglück wohl heut Serien – Handel.
Gerempelt – Straßenburger Nu,
schreie lauthals: „BLÖDE KUH!"

Kein „Verzeihung!" oder „Schade!"
Ketchup - Rinnsal an der Wade.
Hinzu zum letzlich bösen Ende,
habe schrecklich kalte Hände.
Nase rot, bin triefend nass,
NÄÄ – nun aus mit fiesem Spaß.

Endend Tag mit all dem Frust,
gewecket so wurde Saufenslust.
Mit Geist des Sektes mich betören,
Pech verschwinde - nicht mehr stören.

Der Korken knallt – Oh - süßes Ding,
die Kerz im Matchball ihn wohl fing.
Sie zu war schwach, er jagte weiter,
verfolgte es mit Blicken heiter.

Fenster er kaputt gemacht,
höhnisch, heulend hab gelacht.
Möcht zum Ende noch erwähnen,
öffnete mit knirschend Zähnen.

Nachbarn eilten schnell herbei,
gedacht, es gab 'ne Schießerei.
Gerufen schon die Feuerwehr,
Presse – Polizei - viel mehr.

Sitz auf der Wache, geb Rapport,
wär gern im Bette – andren Ort.
Kontext dieser Spaß - Geschicht,
verachte einen Pechtag nicht!

Saufabend

Samstagsabend Partylaune,
im Spiegel mich nochmal bestaune.
Es klingelt, so die ganze Schar,
verrückter Freunde mein war da.

Gackern, Giffeln – Prösterchen,
im Glase sind auch Früchte drin.
Mit Vorglühlaune wir entschwunden,
perfekt Lokalität gefunden.

Musik laut, viel Flirt, wie Trunk,
in einer Ecke gabs wohl Stunk.
Zeit verrinnt – im Nu sich zeigt,
Sperrstund Nacht dem Ende neigt.

Zickezacke wir gelaufen,
wollten einfach weiter saufen.
Beschlossen so in kurzer Zeit,
Stadium voller Heiterkeit.

Zusammen warfen unser Geld,
räumen wollten nicht das Feld.
Büdchen an der Eck entdeckt,
verkaufte uns ne Pulle Sekt.

Singend durch die Straßen zogen,
an Hauses Ecke abgebogen.
Ascher hing mit Tisch – Perfekt!,
Dort hat´s weiterhin geschmeckt.

Vöglein zwitschern – es wird hell,
heimwärts stürmten alle schnell.
Mit dickem Kopfe jetzt erwacht,
lächelnd, was für eine Nacht!!

Streichgedanken

Eines Tages keine Scham,
Irrsinn in mir fieser kam.
Lustig sollt´s auf Kosten sein,
welche bös sind wie gemein.

Ideen viele grausig wachten,
Teufel in mir hämisch lachten.
Stilles Örtchen in der Stadt,
Öffnungszeit für jeden hat.

Unter aller Sau gehalten,
dort konnt ich mich frei entfalten .
Streicheslust- mir in den Sinn,
legte Folie heimlich hin.

Unter brillenrandes Saum,
Pipitröpfchen schafftens kaum.
Schweinerei spritzt an die Leut,
zutiefst mich innerlich erfreut.

Schwiegermutter böse fiese,
bekam ins Essen frische Brise.
Mittelchen danach sie lief,
ständig aus dem Lokus rief.
Klopapier das Ende hatte,
keine Tücher oder Watte.

Schnell sie ohne Worte schleicht,
bleich dem Todesengel gleicht.
Ruhe ward, nur Schmunzeln mein,
Ach, die Lage ist gemein.

In allen kleinen grausig Ecken ,
solln bös Gedanken sich verstecken.
Nachbarn hatten ihre Pein,
Reißzwecken versteckte fein.
In den Schuhen vor der Tür,
schreiend morgendliche Kür.

Aber - bin kein Bösewicht,
mach natürlich so was nicht.
Gedanken frei, alles erfunden,
erhellt manch Langeweil – Stunden.

157

Verrückte Schwester

Bahnhof stehend Menschenmassen,
in den Händen pappig Tassen.
Bibbernd grimmig Spannung zeigt,
wartend Blick gen Zug geneigt.

Handys Klingelton bedeckt,
Befindlichkeit in jeder Eck.
Schwesterchen voll Heiterkeit,
hielt etwas für mich bereit.

Nachricht lesen, lautes Lachen,
half zum fröhlichen Erwachen.
Unverständlich Menschen schaun,
immer diese schlechte Laun!

Kopfeskino spulet weiter,
schaue in die Menge heiter.
Fast schon schämend um halb Acht,
Herrlich, es hat Spaß gemacht!

159

Weinabend

Wollt so derweil dem Alltag trotzen,
nicht früh zu Bett, ins Fernseh glotzen.
Liebäugelnd mit dem Geist des Weines,
dazu ein Buch, dies wär was Feines.

Der Korkenzieher bei der Stange,
schon beim Eindrehn wurd mir bange.
Korken alt, somit zerreißt,
Klumpen aus dem Halse schmeißt.

Vermaledeit nun Werkzeug ran,
Spitzzang schafft´s wohl irgendwann.
Verfall in höhnisches Gelacht,
zerbröselt Stück, weiter gedacht.

Ein Teesieb – Ja, das könnt es lindern,
staubig trüber Wein lässt´s hindern.
Zuletzt fast schon die Lust
entschwunden,
gesiebt durch Kaffeefilter Stunden.

Der Abend so verging getrost,
mit Zeit, ohne gemütlich Prost.

Frühling

Der Lenz ist da,
wie wunderbar.
Auge juckt, die Träne rinnt,
Pollen fliegen mit dem Wind.

Erste Sonnenstrahlen lachen,
aus Dornrösels Schlaf erwachen.
Glöckchen, Tulpen auch Narzissen,
aus dem Winterschlaf gerissen.

Vögel zwitschern Balzenszeit,
früh des Morgens weit wie breit.
Menschen werden bald verführt,
Blütenfarben sie berührt.

Ewig Kreislauf Neubeginn,
dieses sei des Frühlings Sinn.

163

Sommer

Die Sonne scheint mir auf den Bauch,
der Wind bläst einen kühlen Hauch.
Liege in der Sonnenglut,
so mein Körper bräunet gut.

Einen Drink zur linken,
hier wie da mal winken.
Strandgeflüster, Meeresrauschen,
leise Musik, Blicke tauschen.

Farbe des Sommers, leuchtendes Leben,
Sonnencreme, Sand mit Wasser kleben.
Wellen rauschen, weiße Wolken,
Amazonen grüßen mich,
trotz des lustig Strandes Treiben,
denk ich nur an Dich.

Herbst

Windespfeifen in der Nacht,
Mondesschein darüber wacht.
Lieg im Bette, weich gehüllt,
schau wie Laubblatt karg gefüllt.

Kleinster Ast mit sein Geflechten,
erkämpfend seinen Punkt gerechten.
Wie im Leben jeden treibt,
schön in seiner Mitte bleibt.

Schau dem Baumestanze zu
Verfall dabei in himmlisch Ruh.

Winter

Schneeflöckchen, weiß Röckchen,
auf dem Dache wie Stöckchen.

Wie Watte alles weiß bestückt,
zur Winterzeit man hoch beglückt.

Rodeln, auf dem Eise flutschen,
Schneeballschlachten, Autos rutschen.

In jede Ritze kriechet grausig,
Kälte so man frieret lausig.

Kuschelpulli, Stiefel, Mütze,
dich vor bös Erfrierung schütze.

Winterzeitens Kerzenschein,
schön gemütlich soll es sein.

Glühwein, Punsch - die Kuscheldecke,
Seelenfrieden somit wecke.

Geburtstag

Heut genau vor endlos Tagen,
konnte man so gar nichts sagen.
Wird's ein Männlein oder Frau?

Weiß es noch wie just genau,
winzig klein geschrien so laut,
ging ins Mark auch unter Haut.

Wesen klein einst- heute groß
eroberst, gibst Gedankenstoß.

Stolz, auch wenn betaget wir,
stehn Freunde Dein, wie Eltern hier.

Gratuliern viel Jahre mehr,
zum Burzeltage wünschen´s sehr.

171

Hochzeit

Für „Eins" empfunden,
seelenverwandt,
daraus der große Schritt entstand.
Band des Lebens soll es werden,
wie im Himmel so auf Erden.

Ringe getauscht,
Pfarrer gelauscht.
Durch dünn wie dicke,
wenn Lage zwicke.

Versprochen ist versprochen,
sollt niemals sein gebrochen.

Zollt Respekt,
habt Spaß, entdeckt.
Lebenslagen meistern,
auch wenn der Wurm in allem
steckt,
sich täglich neu begeistern.

Karneval

Alaaf, Helau wie Wupptika,
einmal im Jahr für Jecken da.
Des Karnevales listig Tücken,
mit schönen wie unbrauchbar
Stücken.

Die Wagen offensichtlich sind,
gesammelt Themen-Werk empfind.
Als Kunstwerke am Pranger steht,
zeigt wie des Menschen Winde weht.
Politisch Nöte, Sorgen, Wunsch,
gönnt Bierchen sich, prozentig
Punsch.

Ertränkt sein Leben in Prozent,
egal ob Schüler nebst Dozent.
Ein Irr- Gewimmel stellt sich ein,
verkleidet kanns kein Sünde sein!
Lauthals singt man Schunkellieder,
all die Jahre immer wieder.

Ein Hoch auf meine Ruh allein,
möcht nicht in dem Getümmel sein!
Welch gnadenlos im rausche
schweift,
verkleidet Ausrutscher ergreift.

Es lebe diese Welt im Nu,
schau Kopfschüttelnd dem Treiben zu
doch gönn den Jecken Ihre Zeit,
ab elften- elften ists so weit.

Mit Höppeditz dem Schlips auch Co,
Hauptsach- jeder Mensch ist froh.

Ostern

Das Osterfest steht vor der Tür,
Oh, lass es fröhlich ein.
Frag nicht warum oder wofür,
es könnt das letzte sein.

Hase sitzt in seinem Bau,
rufet Nachwuchs - seine Frau.
Doch dem Rasenmäher- Mann,
geht sowas schon gar nichts an.

Eier legt das Huhn im Nu,
ein paar Farben noch hinzu,
prächtig Bäume, bunt geschmückt,
Osterhas völlig entzückt.

Doch Schokoladenindustrie
hasst das schnöde Federvieh.
Besteht das Ei wie Has Genuss,
aus dem Likör wie Zuckerguss.

Advent

Advent – Advent,
Beleuchtung brennt.

Wie schön ein Lichtlein anzuschaun,
doch kannst der Kerze nicht vertraun.

Ein kurzes „NU" kann alles ändern,
Kranz geschmückt mit Zweig wie
Bändern.

Brennt lichterloh bis hin zur Deck,
die Flamme findet all Versteck.

Lodernd leuchtend brennts, ACH JA,
aus Ferne schallts Tatü Tata.

So die Moral dieser Geschicht!
Lasst Kerzen aus dem Auge nicht.

Weihnachten

Am Gabentisch so wunderbar,
glänzt Kinderauge hell und klar.
Weihnachtsbäume Kugeln bunt,
gefiebert auf die heilig Stund.

Weihnachtslieder leise rieseln,
lässt´s in mancher Ehe krieseln.
Trost wie Hoffnung überall,
kein frohes Fest im Hühnerstall.

Backen, putzen, kochen, kaufen,
manche sich im Frust besaufen.
Große Freude, ganze Schar,
von der Familie war da.

Geschenke riesig groß auch lustig,
manchmal stimmen sie sehr frustig.
Nüsse, Kuchen, Ente rund,
auf die Hüft kommt manches Pfund.

Jedes Jahr die gleichen Lieder,
einsam schläft der Single wieder.
Friedlich - still besinnlich Tage,
schönste Zeit, gar keine Frage.

Konsumbetrieb in Hochkonjunktur,
Geld entschwindet, zahlen nur.
Wie wär Weihnacht, aber ACH,
Schneeweiß, ganz arm, ohne viel Krach?

Vielleicht ein wenig Gaben ärmer,
im menschlich Einvernehmen wärmer.
Begutachte man nun den Rest,
warum ist Weihnachten ein Fest?

Silvester

Fröhlich Lieder hallen,
viele Korken knallen.
Getanzt, gelacht,
viel Spaß gemacht.

Silvesterparty, Luftschlang bunt,
gezuckert Berliner, süß wie rund.
Galakleider prachtvoll Glanz,
des Hoses Nahte platzt vom Franz.

Beschwippst, sein Tisches
Nachbar rutscht,
lachend unterm Tische flutscht.
Oma Gerda, voller Schreck,
merkte, ihr Gebiss flog weg.

In des Bowlen tiefsten Stand,
es im Früchtemeer verschwand.
Karl die Kelle schöpfte aus,
da erspähte er den Graus.

Grinsend Bisswerk,voller Hohn,
Brechreiz, Ach- ich komme schon.
Zeit nun naht zum Neujahrstag,
zu zählen jeder noch vermag.

Feuerwerk, ein Hoch aufs Leben,
Umarmung wird's für jeden geben.
Prosit Neujahr nun rutschet fein,
ins nächste, gute Jahr hinein.

183

Achte auf Deine Worte

Ein Wort kann Berg wie Tal versetzen,
Atom nebst Molekül zersetzen.

Zum Ansporn einer Tat uns leiten,
unsagbar fiesen Schmerz bereiten.

Spannend, quietschfidel auch lustig,
traurig, deprimiern wie frustig.

All Facetten wir im Wort,
tragen sie an einem Ort.

Acht aufs Herz - so wie es denkt,
da es Deine Worte lenkt.

185

Altern

Ein alter Song Dein Ohrenschmaus,
mit Stock kommst aus dem Bett
nur raus.
Noch jung der Geist lieget in Fessel,
Kadaver alter, so im Sessel.

Dem Hörgeräte nicht vertraust,
Nachbarn wissen, was Du schaust.
Altersweitsicht herrlich sei,
Spiegel zeigt dich faltenfrei.

So die Moral von der Geschicht,
genieß das Leben mit Gewicht.
Humor nebst all dem Stelldichein,
bist mit dem Kampfe nicht allein.

Bauernhof

Es blökt die Kuh, ein Hahn kräht mit,
der Bauernhof weltgrößter Hit.
Es schreit das Kind, ein leichter Wind,
Die Scheune zu, ein stilles Rind.
Den Hahn mit Schnaps
wie Korn verwirrt,
er leise in sein Nestchen schwirrt.
Es trägt der Mensch in sich bedacht,
kleines Kind nun wieder lacht.

Der Hof ist groß,
einfach famos.

Besonnen Farmers Frau Brunhilde,
führt wieder lustiges im Schilde.
Es bellt der Hund, der Bauer schreit,
all Felder sind unendlich weit.
Die Sonne flieht,
der Abend zieht.
Ins Land - lässt alles ruhn,
denn Morgen schon, in aller Früh,
viel Neues gibt's zu tun.

188

Digitalisierung

Gesellschaft dieser Welt im Boom,
gedrillt vom WWW-Konsum.
das Wesentliche aus dem Sinn,
kein Hinterfragen, wo führt's hin.

Schnelllebig in der Matrix tief,
nichts ohne Digitalisierung lief.
Gefangen im Strom der Daten gleich,
vom kleinen Kind, ob Arm wie Reich.

Im Autopilotenmodus gesteuert,
ist Selbstbestimmung durchgefeuert.
Gelenkt vom Handy-Browser-Co,
ohn' diese fühlt man sich nicht froh.

Jeder lebend diesen Zwang,
im Website-Dschungel stundenlang.
Gespräche–Bilder-Lachen wie Leben,
kann Plattform, Apps Dir nur noch
geben.

Nur ab und zu wird dir gezeigt,
Du bist allein, der Abend neigt.
Im Wesentlichen einsam bist,
das rechte Leben jetzt vermisst.
Die Problematik erst begreifst,
wenn Dein Gefühl genug gereift.

Den Ausbruch wagst, selbst
Laufen lernen,
nicht greifen mehr nach fernen Sternen.
Schneid alle Fäden, reiß die Kette,
sei keine World-Wide-Marionette.

Dankbar sein

Wenn alles grausig im Empfinden,
verblasst Erinnerungen schwinden.
Gefühle setzen böse zu,
Kopfe wirr denkend immerzu.

Die perspektive fast entschwindet,
grau, bös fürchterlich sich windet.
Ruhelos dein innerst fragt
sinnlos denkend – SCHITTE Sagt!

Traurige Tränen - Wut auch Hass,
verloren jedes Ding - wie Spaß.
Wirkst letargisch – „Ach Egal"!
Schwelgest - früher war es Mal,
gefühlt in Einsamkeit - Verzicht,
zu lang sahst nimmer Sonnenlicht.

Kommst nicht raus, fragst
wie geht's weiter,
Mühselig kriechen -
auf der endlosen Leiter.

Trachtend nach dem rechten Sinn,
wo führ'n meine Wege hin?

Weltall Molekühl entfacht,
Wir durch Uresknall erwacht.
Mikro klitzeklein enstanden,
manche Forscher dieses fanden.

Nenn es Wunder, dass Du lebst,
Ziel verfolgst, eines bestrebst.
Genieß den Tag, egal wie grau,
sei es Männlein oder Frau!

Solang Gesundheit dir gegeben,
ist jeder Tag ein tolles Leben.
Nicht hinkst, im Rollstuhl sitzt - wie just,
gehörlos sprechend - Fingern musst.

Organe alle in Funktion,
kein minderwertig Herzenston.
Niere spült auch ohne Düse,
kein monatliche Dialyse.

In Wahrheit machet Welt nur schlecht,
da haben furchtbar viele Recht.
Könnt etwas mehr Respekt vertragen,
Rücksicht, Liebe - Hinterfragen.
Dankbarer ausgericht sein,
ein Leben ist kein Wurfesstein!

Ein Halm wie Stroh

Ein Halm wie Stroh - egal wie klein,
getragen in die Welt hinein.

Das Einerlei, Geplänkel pur,
im Wege, steht es jedem nur.
Wart auf die wundervolle Brise,
heraus uns leitet aus der Krise.

Ein Halm wie Stroh - mich leise trage,
dahin wo keines menschlich Frage.

Es gibt kein gutes oder schlechtes ,
jeglich Leben ein gerechtes.
Ein mir - ein Uns - vielleicht auch Stille,
Reichtum durch Frieden
jedermanns Wille.

Ein Halm wie Stroh - geschrieben Wort,
gelangt ganz sanft zu jedem Ort.

Ein Halm wie Stroh -
Nächstenliebe geweckt,
durch Liebe, Glaube, Hoffnung,
dem Respekt.

Kein Geld macht glücklich wenn allein,
mitten im Leben, Herzen aus Stein.

Ein Halm wie Stroh - auf Erden rund,
fliegt auch zu Dir, so nutz die Stund.

Gedicht zur Welt

Atmet ein und atmet aus,
probieret jeglich Gaumenschmaus.
Verschieden sei Gesinnung jeder,
mancher laut mit viel Gezeter.

Andre dümpeln vor sich hin,
wenig suchen nach dem Sinn.
Welt beherrscht von Geld wie Macht,
über GPS bewacht.

Amazonas Wald durch Feuer,
Käferschaden ungeheuer.
In Regionen unsrer nun,
für fünf G so vieles tun.

Wetter kann, so wird - Ach Nein,
kann so etwas wirklich sein?
Bald beherrscht durch fliegend Ding,
welch Wolken unsre Luft bezwing.

Löhne nur noch Tiefen gleich,
Großkonzerne werden reich.

Inflation durch sinnlos Kriegen,
dem Desaster wir erliegen.

Kauft auf Pump - wahret den Schein,
„KEINER" - will ein „ NIEMAND" sein.
Unverbindlich, oberflächlich,
hinterhältig, niederträchtig!

Dark Fassade ewig wahre ,
aus Vollem schöpften viele Jahre.
Keine menschlich Schwäche zeigen,
starb Liebeshimmel voller Geigen.

Ob im Zug, Bus wie Cafe,
Leute nur mit Handy seh.
Digital, kein Wort der Lippen,
dicke Speckschicht an den Rippen.

Plattform Internet macht süchtig,
auch Ganoven in ihm tüchtig!
Könnt noch einiges verdichten,
über Weltliches berichten.

Doch das Auge fällt im Nu,
Nachti, schlaft in sanfter Ruh.

Geizkragen

Geizeskragen diesen nennt,
er nur seinen Vorteil kennt.

Nie wirst viel vom ihm erhalten,
keine Party wird gestalten.

Drehet Taler mehresfach,
soll er zahlen, gibt's meist Krach.

Seine Flasch vom Dusch auch Co,
füllt zur hälft mit Wasser so.

Licht wirst nur mit Kerze sehn,
gerne wird er dabei stehn,
wenn umsonste was zu holen,
er belesen unverhohlen.

Gibt's Rabatte, Angebote,
er sofort wie Schottlandsschote,
in der Schlange sich befinde,
bloß das preiseswerte finde.

Gehst du aus, allein wirst zahlen,
er wird dir nen Haufen malen.

Geld möcht er für bess'res halten,
seine Statements nur verwalten.

Sei getrost, nie kannst bekehren,
einen Geizhals je belehren.

Ewig wirst du sehn das er,
immer mehr Geld hat - als wer?

Somit zahle nie die Zechen,
lieber Freundschaft zu ihm brechen!

Inflation

Mensch, ist das alles teuer,
find´s wirklich ungeheuer.

Jedes bisschen häuft sich so,
am Monatsende frag ich wo?

Der Kühlschrank leer, Mäuslein
kann spielen,
vom Arbeiten die Hand voll Schwielen.

Irgendwie, kann´s nicht verstehn,
Konto selten voll gesehn.

Möchte sparen, geht nur nicht,
Konsumwelt darauf nicht erpicht.

Werbung, schau welch Angebot,
ziehet Geld, sieht keine Not.

Trotz des Glanzes Silberstück,
verbirgt im Euro sich viel Tück.

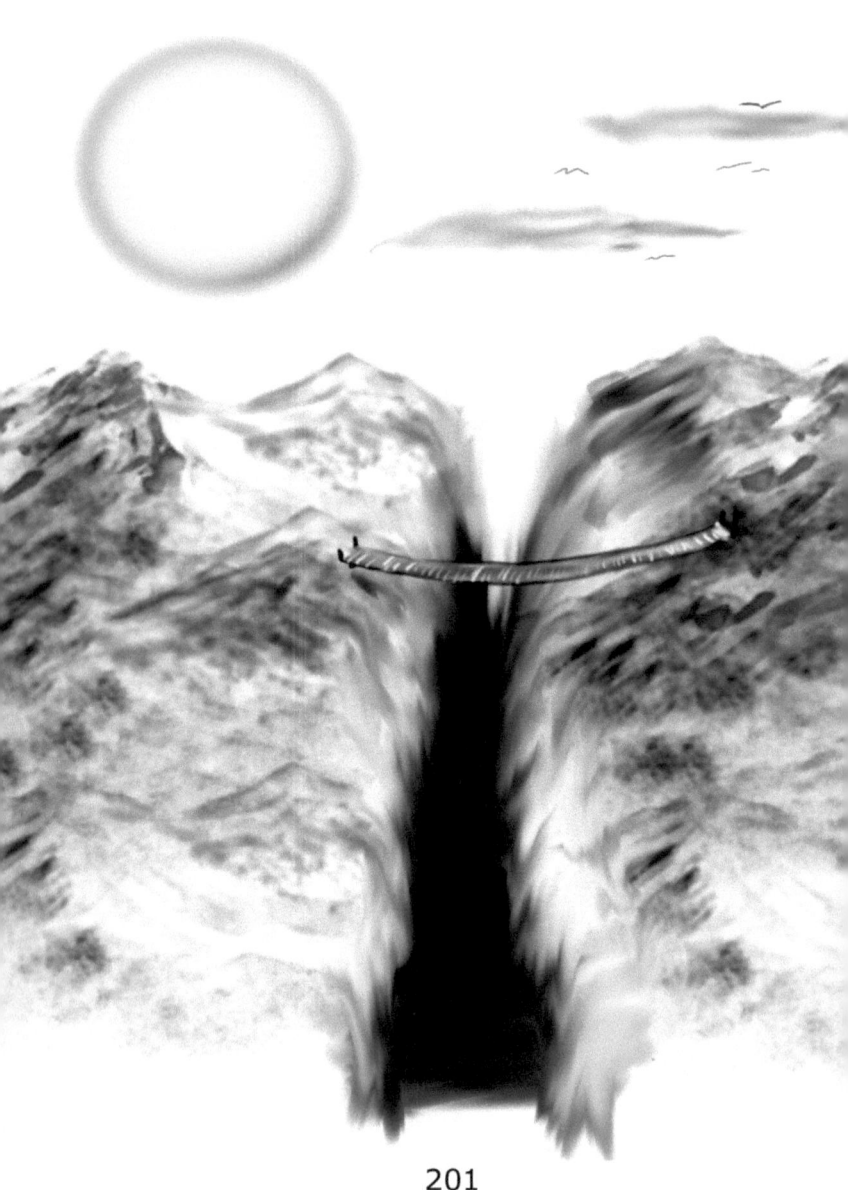

201

Lebensweisheit

Die Vorstellung wie Realität -
sind zwei unerschiedliche Berge.

Leider mit verschiedenen Ausgängen
auch Aussichten.

Jedoch mit viel Phantasie
neben Optimismus,

läßt sich zwischen diesen Klippen –
eine Brücke bauen.

Manchmal ist es gut
mit dem Teufel zu tanzen,

aber auch mit den Engeln
auf Wolken zu schweben.

Das „UND" ist nur ein unnütz Wort,
verbanne es aus jedem Ort.

203

Mode

Ob eine Hose grausig kneift,
sich Reifen über diese zeigt.

Nichts mehr im Wohl wie Lote sei,
Ruder aus dem Boote frei.

Schmeißt in Schale wie Scharlotten,
hübschest Liebeslings - Klamotten.

Grün karriert, auch gelb getupft,
Knie wie Ärmel stark zerrupft.

Lebe Deinen Style bewusst,
was entspringet Deiner Lust.

Egal, was jeder denken mag,
gelebt mit Freud soll jeder Tag.

205

Nix oder Nein

Es gibt ein „Nix" oder auch „Nein",
im Sprachenmix so Allgemein.

Gleiches wohl gedacht, doch sei,
ein Nix ist gleichsam „Einerlei".

Nix sagt uns, dass ein Nichts gedacht,
so in der Welt viel Trubel schafft.

Das Nichts, wie Nix -
doch gleiches Wort,
ob hier oder am andren Ort.

Viele Menschen Sprachen sprechen,
Zungen dabei nicht zerbrechen.

Akzente stoppen Redefluss,
Nix, Nichts, machet damit Schluss.

Verstehn kann man den Sinn im Nu,
gehöret man gelinde richtig zu.

Rabengeschichte

Hinkend Rabe hat es satt,
verirrte sich in einer Stadt.

Mauern prächtig, goldner Glanz,
Königreich des Kaisers Franz.

Kerzenlicht durchs Fenster scheine,
Wetterhahn sitzend alleine.

Auf des Daches Simse schau,
bis zum sonnig Morgengrau.

Wirres Treiben in den Gassen,
Händler ihre Waren lassen.

Harfenspiel, Burgfräulein sacht,
mit des Schmiedes Sohne lacht.

Rabe Hinkebein verbucht,
sich beim Bäcker Krumen sucht.

Plötzlich Stille auf dem Platze,
Hexe suchend nach dem Schatze.

Dorfgeflüster schnell hinfort,
suchten einen sichren Ort.

Rabe wird zum Held der Stadt,
all sein Mut genommen hat.

Pickt der Hex die Augen aus,
kam aus Kerker nie heraus.

Er der hinkend Vogel war,
ab der Zeit des Kaisers Star.

Schwebendes Glück

Glück schwebt ständig hin und her,
trifft den „Falschen" oft viel mehr.

Gesellt sich gern in lachend Rund,
kennt nicht „ Warum" wie späte Stund.

Bezeichnung „Glück" hat viel Gesichter,
Liebe, Gesundheit, schöne Lichter.

Die Richtung jeder anders lebt,
Empfindung welches Glück erstrebt.

Glück schwebt,
setzt sich willkürlich nieder,
man hofft es bleibt -
oder kommt wieder.

Sonntagsfantasie

Sonnig Sonntag, gerne bleibe,
im Cafe die Zeit vertreibe.
Schauend Treiben dieser Stadt,
welche viel zu bieten hat.

Cabrio mit viel Getöse,
eine Frau lacht laut und böse.
Kopfsteinpflaster, welche Tücke,
Pfennigabsatz steckt in Lücke.

An der Straßeneck zu finden,
neben Kiosk dünnen Linden,
Bücherschrank für alle sei,
nehmen kann sich´s jeder frei.

Aus des Blickes Winkelsicht,
schien ein gleißend helles Licht.
Hypnotisch dieses Buch besah,
Seltsames darauf geschah.

Konnt durch Spaltes Schein
erkennen,
monogame Schwäne rennen.
Wilde Biene trägt statt Streifen,
Leopard musste mich kneifen.

211

Nahm das Buch mit Titel so,
„Böse Brut Primitivo".
Fünfes-Fünfzig, bitte sehr,
Kellner wollte wohl nicht mehr.

Bitte zahlen, das wär nett,
Feierabend - brauch das Bett.

Völker der Erde

Jeder Mensch genetisch gleich,
viele arm, andere reich.
Rassen gibt's mit Rang wie Klassen,
Völker die sich furchtbar hassen.

Gelbe, dunkle Haut, die „Weißen",
alle ganz verschieden heißen.
Schlank, gewichtig - falsch auch richtig,
Sorgen, Ängste, Kummer - wie Not,
Katastrophen – Entbehrung - Tod.

Freude, Schönheit – Lachen - Streben,
Verzeihen, Trösten, Liebe geben.
Erleb den Tag - als kostbar Stück,
Hilf dem Nächsten, spende Glück!

Geste auch klein -
lässt schmelzen das Eis,
auch Zuhörn wie Zuspruch -
wie jeder weiß.

Glaube wie Hoffnung -
versetze den Berg.
Egal, ob vom Riesen -
oder dem Zwerg.

Welt diese unser -
allen gehört,
achtet genaustens -
was ihr zerstört!

Wir alle sind Menschen

Sonntags, Frühstück nachgedacht,
was das Leben mit uns macht.
Oft in hohen Tönen klagen,
nicht nach Wesentlichem fragen.

Tisch gedeckt mit köstlich Sachen,
Dinge, welche Freude machen.
Wähle zwischen Couch auch Bett,
Radio, Fernseh´ wie Tablet.

Bei Zipperleins zum Arzte geh´,
im Grunde nur das Beste seh´.
Frag nach Sinn, Bestimmung sei,
Gedanken fliegen, lebe frei.

Reichtum unserer vergeht,
wenn Vater Tod im Rahmen steht.
Zog hinaus, ja wollte wissen,
was Straßenlebende vermissen.

Aus Stichpunkt Ihrer - dies Gedicht,
sah vieles im ganz neuen Licht.
Nicht Reichtum, Auto, Wohnung, Yacht,
ein Königreich mit seiner Pracht.

Anders - sie die Welt erleben,
nach Macht wie Geldes
gar nicht streben.

Freundschaft, jemand der sie mag,
Freude empfinden - jeden Tag.
Friedenswunsch für diese Welt,
im Grunde ist Er/Sie ein Held.

Regen fällt - die Straße rau,
egal für Männer oder Frau.
Schicksal sie zu Boden brachten,
irgendwann mal Fehler machten.

Jeder liebt ein nettes Wort
Lebende am schlimmsten Ort.
Berge könnten wir versetzen,
böser Blick wie Wort verletzen.

Bedenke - alles geht vorbei,
nur Liebe die Konstante sei.
Wenn zwei von fünf es einfach wagen,
zu reden wie „Hallo" zu sagen.

Vielleicht ein Brötchen -
Wasser spenden,
dem Menschen Wertesschätzung
senden.
Gelernt für mich an diesem Tag,
Gott alle Menschen liebt und mag.

Blickwinkel dadurch neu gerichtet,
so Folgendes für Euch berichtet.

217

Zitronen sind stark

Es ist ein schönes Stell – dich - ein,
wenn Menschen musizieren.
Mit Flöte,Tuba, Laute, Bass
einer wird dirigieren.

Man beiß in die Zitrone bloß,
gesehn, kein Bläser find´s famos,
fließt Speichel, so kein Ton entsteht,
man lacht, weil dadurch nichts mehr
geht.

Es war, wird, ist, ja - bleibet so,
ohne Musik wird man nicht froh.
Umgarnt von lieblich Klange sei,
Geist wie Körper völlig frei.

Schunkeln Stampfen, singend schief,
schön Schauer übern Rücken lief.
Geballte Kraft im Text belegt,
sich gern zu diesem - wird bewegt.

Glückshormone kommen frei,
empfinden alles einerlei.
Ob jung wie Alt Bewegung Tanz,
tut gut der Gretel, als auch Franz.

Zitronens Einsatz gleichwohl firn,
verbleibt an tanzespartners Stirn.

218

Zyklus des Lebens

Genau geseh'n heut oder morgen,
sind im Zyklus Wunder verborgen.
Schlaue Köpfe sorgen sich,
um's menschlich Wohle lediglich.

Neben Farmers kleinen Zaun,
Riesenhäuser statisch baun.
An die Staaten so gedacht,
empor des Himmels nah gemacht.
Wolkenkratzer aus Glas wie Streben,
in denen unzählige Menschen leben.

Möcht des Blickes weiter richten,
von Schwertranspotern nun berichten.
Mitten durch die kleinste Stadt,
schwere Last, kein Reifen platt.
Gigantisch da fehlt jedes Wort,
bewegen Tonnen sich hinfort.

Fasziniert den forschen Geist,
wer auf einem Schiff gereist.
Frage stellend, ganz in Ruh,
wie geht es beim Schiffsbau zu?

Unglaublich viel an Zeit verstreicht,
bis Pläne sind geritzt - gereicht.
Schrauben so am rechten Fleck,
Holz gefertigt bis zum Deck.

Nicht nur Ding aus Menschenhand,
geschnitzt - gewerkelt – mit Verstand.
Welche auf Erden, jedem Land,
Wunder verborgen – fließende Wand.

Wasserwogen schimmernd fallen,
tosend, rauschend - Echos hallen,
verträumt an Klippe - Spritzer schellen,
wie bei den Niagarafällen.

Dies wie mehr entsteht – wird weichen,
Aufbau, Abriss – Jahr verstreichen,
könnt die Geschicht noch weiter
spinnen,
schon bald ins Weltall wir entrinnen?

Nachwort

Ein Pünktchen dieser Erde sei,
ein jeder, wie auch ich – ganz frei.

Gedankengut am Tage schwirrt,
Gespinste unsren Geist verwirrt.

Trubel, Zeitnot, Hast, auch Streit,
gern versaun Gelegenheit.

Dich zur Muße möcht geleiten,
siehst im Leben sicher Pleiten.

Wirf Gepäck wie Ballast fort,
begeb dich zum gemütlich Ort.

Denn entspannt siehst schönes wieder,
singst gerne deine alten Lieder.